KB234775

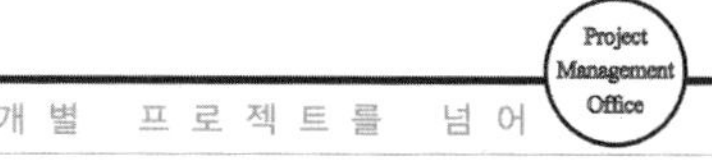

멀티 프로젝트 관리
전문가 되기

PMO

개별 프로젝트를 넘어

Project Management Office

멀티 프로젝트 관리 전문가 되기

조호행 · 김성민 지음 │ 권호열 감수

PMO

이담 Books

이 책을 읽기 전에

목적 및 범위

이 책은 PMO가 무엇인지 기본적인 이해를 바탕으로 조직에서 PMO를 수립하는 데 필요한 기본적인 정보를 제공하는 것을 주목적으로 한다. 그리고 실무에서 활용할 수 있도록 적용 사례를 담았다.

해외에서는 PMO에 대한 이해 및 발전이 꽤 이루어졌지만 국내에서는 초창기 컨설팅을 통해 PMO 수립을 추진한 기업과 국내 금융권을 중심으로 한 차세대 프로젝트를 통해 PMO가 알려지게 되었다. 이러한 PMO에 대한 이해를 시작으로 PMO가 프로젝트, 프로그램을 관리하는 차원에서 전략적인 PMO로 그 영향력을 넓혀갈 수 있음을 보여주고자 한다.

이 책에서는 PMO의 다양한 면을 보여주기 위해 노력했기 때문에 국내 PMO의 주류를 이루었다고 할 만한 차세대 프로젝트 PMO를 위한 방법론이나 프로세스, 실전에 도움 될 내용들을 깊이 있게 다루지는 않았다. 반면, PMO 프로세스와 사례에서는 이러한 내용들도 작성되어 있으니 도움이 될 것이다.

제약사항

PMO는 한마디로 정의하기 어렵고 그 유형도 다양하다. PMO란 약어는 여러 의미를 내포할 수 있다. 즉, PMO는 Project Management Office, Program Management Office, 그리고 Portfolio Management Office 모두의 약어로 가능하다. 그리고 이 외에도 PMO의 특징을 강조하기 위해 Project Office나 다른 많은 이름으로도 불린다(Project Control Office, Project Support Office 등). 그리고 PMO의 유형도 아주 다양하다. 팀 차원의 PMO, 사업본부 차원의 PMO, 그리고 전사적 관점의 PMO도 있다. 그리고 차세대 프로젝트와 같은 특정 목적의 PMO 또는 외부 PMO도 있다. 이 외에도 조직의 경영 혁신을 위한 주요 수단으로 PMO를 활용하기도 한다. 이 모든 것을 아우르는 포괄적인 PMO에 대한 설명은 쉽지 않다. 다만 다양한 관점의 PMO에 대한 이해를 통해 여러분 조직에 맞는 PMO에 대한 고민을 할 수 있도록 책을 구성했다.

독자

이 책을 처음 준비할 때만 해도 PMO란 말 자체가 아주 생소해서 독자가 얼마 되지 않으리라 생각했지만, 지금은 국내 공공기관에서 PMO 제도 도입과 SW 산업 발전이 연계가 되어 PMO에 대한 이해의 폭이 많이 넓어졌다. 따라서 이 책의 독자의 범위는 광범위하며 PMO에 대한 이해를 통해 식견을 넓히고자 하는 모든 분이 다 독자가 될 수 있다.

당부의 말

컨설팅 기획&품질팀의 팀장으로서 컨설팅 사업의 발굴 및 제안을 통한 사업 수주 그리고 실제 진행되는 프로젝트에 대한 품질관리와 효과적인 컨설팅을 위한 컨설팅 방법론 등을 고민해야 했다. 하지만 어느 하나에 집중하지 못함으로 진행상의 한계를 느꼈으며, 이전에 정리하던 책을 마무리하면서 PMO의 역할이 쉽지 않음을 새삼 느낄 수 있었다. 조직 내에서 프로젝트 위험사항의 사전 식별 및 부실 방지를 위한 다양한 활동이 이루어질 수 있으나, PMO란 조직을 통한 관리는 또 다른 노력이며 시도이다. 이러한 PMO에 대해 필자가 오래전에 근무했던 기업의 대표이사가 전한 e-Mail 내용으로 PMO의 세계에 여러분들을 초대하고자 한다.

2003.4.28.

오늘은 우리 회사가 추진하고 있는 PMO 과제와 x-Challenge를 소개하고자 합니다.

PMO란 Program Management Office의 약어로 실질적으로 금년부터 쓰기 시작한 용어입니다. 과거에는 경영혁신이라는 용어로도 쓰여 왔습니다만 작년에 실시한 컨설팅작업 이후 본 용어를 쓰게 되었습니다.

금년 우리 회사의 경영혁신 관련 PMO 과제는 6개 영역에 걸쳐 수십 개의 과제가 있습니다. 매주 PMO 과제를 관장하는 사무국 멤버들이 모여 과제별 진행 내용을 점검하고, 월 1회 전 Unit장 이상의 직책 간부들이 모여 진행을 확인하면서 문제가 있을 시 대책을 세우고 있습니다.

지금까지 진행 상황은 대단히 양호하며, 대부분의 과제가 일정대로 추진되고 있습니다.

많은 과제가 완료되는 금년 하반기에는 우리 회사의 경쟁력이 경영 전반에 걸쳐 크게 향상될 것입니다.

세부 과제를 다 말씀드리기에는 다소 복잡하여, 최소한 6개의 영역에 대해서는 여러

분이 알고 계셔야 할 것 같아 소개를 드립니다.

1. A 본부가 추진하는 "대외 경쟁력 강화"
2. B 본부의 "그룹서비스 만족도 향상"
3. C 본부의 "개발 생산성 향상"
4. D 사업추진실의 "솔루션 사업 기반 정비"
5. E 팀의 "사업전략 수립"
6. F 팀과 G 팀의 "경영인프라 혁신" 등입니다.

또한, PMO 과제의 성공적인 이행과 더불어 현장의 목소리를 중심으로 전사적으로 공감대를 확산하고 변화의 속도를 가속화하기 위해서 x-Challenge 제도를 신설하여 운영하고 있습니다.

x(CROSS)란 모든 경계를 허물고 상호 협력한다는 개념이며 Challenge는 의미 그대로 도전을 뜻합니다. x-Challenge 활동을 전담하는 사람을 x-Challenger라고 하며, 각 Unit당 1명의 x-Challenger가 선발되어 있습니다. x-Challenger는 Unit장을 보좌하여 현장 중심의 자율적인 변화를 주도하며, 전사의 전략을 Unit에 전파하고 PMO 과제 튜닝과 관련한 현장의 소리를 경영층에 전달하는 역할을 추진하고 있습니다.

또한, 현장의 다양한 업무 개선 아이디어와 혁신 과제 등을 수렴하여 성공 사례를 회사 내에 전파하는 역할을 합니다. 현장에서의 PMO 과제 성패는 x-Challenger의 의욕과 적극적인 활동에 좌우되리라고 생각합니다.

여러분 부서의 PMO 과제의 성공과 우리 회사의 경쟁력 강화를 위해서 x-Challenger를 적극적으로 격려하고 도와주시기 바랍니다.

여러분도 잘 아시겠지만 변화와 혁신을 위한 과제의 핵심 성공요인은 무엇보다도 구성원의 적극적인 참여의지와 변화의 요구라고 할 수 있습니다.

즉, 변화하고자 하는 마음, 혁신하고자 하는 공감대가 형성되지 않은 상황에서의 과제 추진은 형식적으로 흐르기 쉽고 과제의 일시적인 성공 또한 그 지속적인 성과를 보장할 수 없습니다.

여러분이 소속되어 있는 각 Div. 및 사업부의 PMO 과제에 보다 깊은 관심을 갖고 적극적으로 참여해주시기를 부탁드립니다.

들어가며

"프로젝트란 해결하기로 예정되어 있는 문제이다."

— Dr. J. M. Juran

국내에서 IT 프로젝트를 수행하며 프로젝트가 수월하게 진행되는 경우는 많지 않다. 새로운 업무여서 프로젝트를 수행하기가 어려웠다거나, 이제는 IT에 대해서 고객이 너무나 잘 알고 있어서 예전처럼 좋은 관계를 맺고서 프로젝트를 진행하는 데는 한계가 있었다는 등의 어려움을 호소한다. 그뿐만 아니라 예전부터 문제시되던 고객의 요구사항에 대한 미확정과 수시로 발생되는 요구사항에 대한 변경은 프로젝트 납기를 맞추기 어렵게 한다.

발주자는 이전보다 업무 효율이 높은 시스템을 구축하는 것을 희망하지만, 실제로는 고객의 요구 사항이 충분히 반영되지 않은 상태에서 시스템 개발이 마무리되는 경우가 발생하고, 수주자는 개발 초기에 시스템 요구사항 분석이 이뤄진 후에도 고객이 수시로 요구사항 변경을 요청해 당초 계약에 정해진 납기일 이내에 시스템을 완성하지 못하고, 때로는 지연에 따른 계약상의 벌금을 물기도 한다. 이러한 문제를 감지하고 있는 개발팀은 고객이 제시한 새로운 요구사항이 타당한 것임을 알면서도 수용하기보다는 계약에 준해 시스템 구축을 마무리하려 한다. 이와 같이 우리의 프로젝트 환경은 발주자와 수주자가 하나의 팀으로써 진정 훌륭한 결과물을 만드는 것이 참으로 어렵다.

실제 IT 프로젝트는 프로토타이핑(Prototyping), 애자일 방법(Agile Methods)을 통한 작은 배포(Small Releases) 등을 통해 구체적인 모습을 보여주지 않는 한, 진행상황이 눈에 보이지 않고 특별히 개발자에 대한 의존도가 아주 높기 때문에 관리의 어려움이 많다. 또한 프로젝트 초기에 사용자 요구사항을 정확히 정의하기 어렵고 정의된 요구사항에 따라 합의된 개발 범위도 프로젝트가 진행됨에 따라 지속적으로 변경되고 추가되는 속성이 강하다. 그리고 많은 경우, 요구사항 분석, 설계, 개발, 테스트의 프로젝트 라이프 사이클 대부분을 일괄계약 형태로 진행하다 보니 초기 규모 산정에 어려움을 겪는 것이 일반적이다. 이러한 어려움은 프로젝트가 진행되면서 곧바로 범위증가(Scope Creep)를 낮게 되고 이는 결국 프로젝트 일정, 원가, 품질에 악영향을 미치게 되므로 프로젝트 성공률이 낮을 수밖에 없는 원인이 된다. 여기에 복잡한 프로젝트 수행환경에서 살아남기 위한 전략수립이 미흡한 것과, 높아지는 인건비와 손익에 대한 부담감 등도 프로젝트 수행의 어려운 이유가 된다.

이와 같은 현실에서 프로젝트의 성공률을 높이기 위해 많은 기업들이 관심을 갖는 것이 PMO(Project Management Office)다. PMO란 프로젝트 시작부터 완료까지 프로젝트 전 과정을 관리하는 프로젝트 관리조직을 말한다.

PMO는 프로젝트 관리 능력을 향상시키고 구체적인 방향을 제시해주는 프로젝트 중심의 조직이다. 즉, PMO는 전체 IT 조직 내에 진행 중인 다수의 프로젝트(신규개발, 유지보수)에서 요구되는 자원 및 일정을 모니터링하고 진행과정에서 발생하는 이슈를 중재하는 기능을 수행한다. PMO 서비스는 국내에도 2000년 초반부터 금융기관을 중심으로 규모가 큰 차세대 시스템 구축 프로젝트에 도입되어 왔다. 미국의 경우에는 특정 IT 프로젝트뿐만 아니라 다수의 프로젝트가 상존하는 조직의 경우에 PMO 조직을 설치하는 경우가 일반화되어 있다. 기업상황에 따라 프로젝트 담당 임원(PMO, Project Management Officer)을 두고 모든 프로젝트의 상시 관리체제를 유지하는 경우도 있는데, 이러한 시도는 PMO를 통해 프로젝트의 성공률을 높이고 위험을 예방하기 위한 나름의 전략 방안으로 도출된 것이다.

B.I.A의 PMO 수행에 대한 연구 결과(B.I.A Research Report, 2005)[1]에 의하면 이전보다 많은 조직들이 PMO를 운영하고 있으며, IT 개발 프로젝트의 성공 확률을 1년 안에 37%, 2년 후 62%, 5년 후에는 65%까지 증가시킬 수 있고, PMO 운영을 통해 프로젝트를 성공적으로 관리하고 있다고 확신하고 있다.

이와 같이 PMO의 도입은 프로젝트의 실패에 대한 위험(Risk) 관리 측면에서 도입되고 있으며, PMO 운영을 위해 후원자의 강력한 리더십이 있다면 프로젝트 성과 향상에 직접적인 성공 사례를 나타낼 수 있다고 알려져 있다.

우리나라 역시 2002년부터 은행권을 중심으로 차세대 프로젝트 붐이 일면서 프로젝트의 성과 향상을 위해 PMO 조직을 공식화해서 운영하고 있다.

오늘날의 IT 부서는 고객의 요구사항을 충족하고 프로젝트에 대한 통제력을 높이기 위해 더욱 노력하고 있으며, 이를 위한 하나의 방법으로 PMO를 고려하고 있다.

목 차

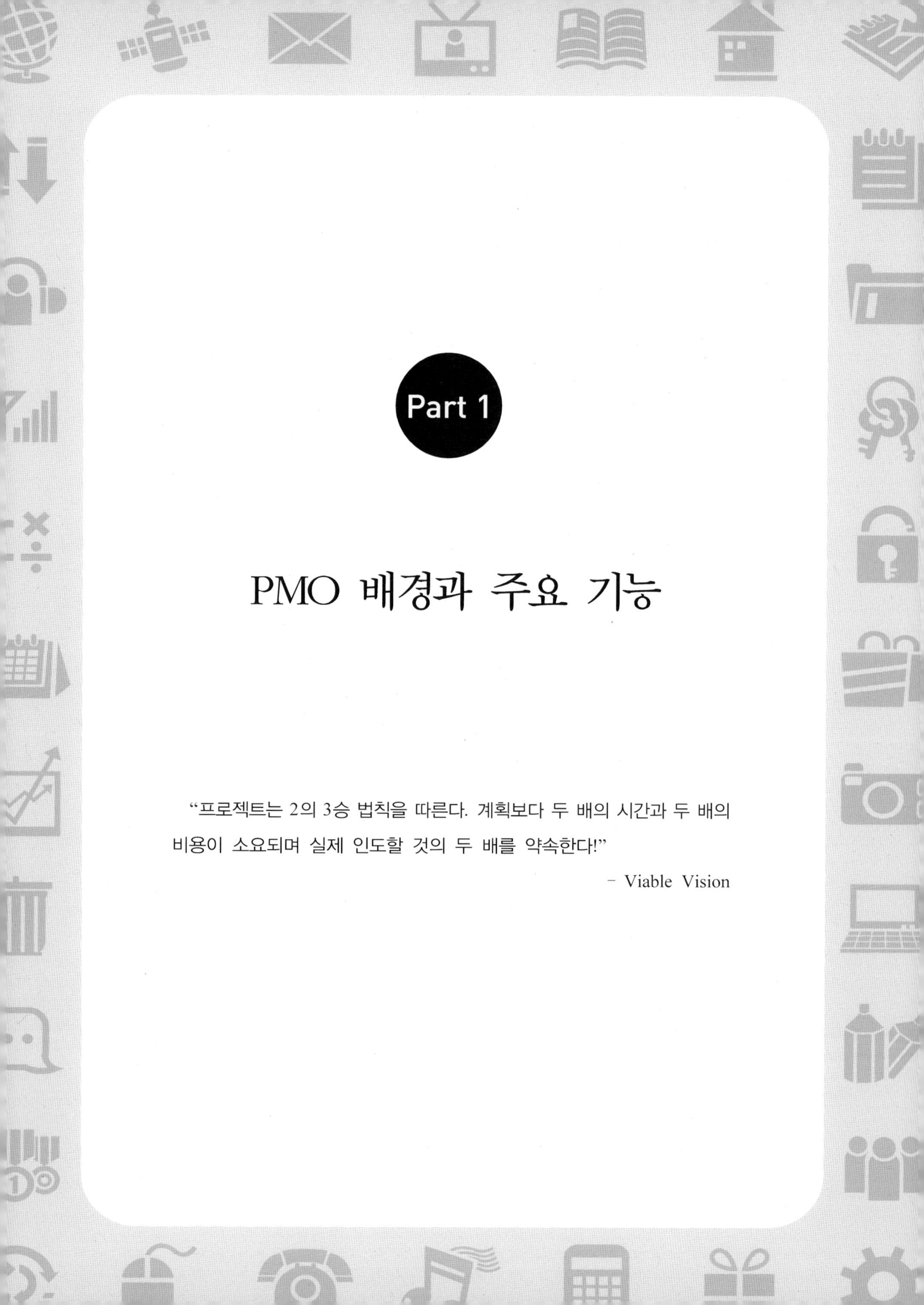

Part 1

PMO 배경과 주요 기능

"프로젝트는 2의 3승 법칙을 따른다. 계획보다 두 배의 시간과 두 배의 비용이 소요되며 실제 인도할 것의 두 배를 약속한다!"

– Viable Vision

Chapter 1

PMO의 필요성

1. 우리는 프로젝트를 어떻게 수행하고 있는가?

미국의 리서치 기관인 스탠디쉬그룹(Standish Group)은 정기적으로 전 세계의 IT 프로젝트 수행결과를 조사하고 있는데, 처음 일반인에게 공개된 1994년의 결과는 IT 프로젝트의 적나라한 현실을 보여주었다. 스탠디쉬그룹에서는 3가지 유형으로 프로젝트 수행결과를 분석했는데, 그 기준은 다음과 같다.

- 성공(Succeeded): 프로젝트가 주어진 납기와 승인된 예산 내에서, 계획된 사양을 충족하여 종료됨.
- 실패(Failed): 프로젝트가 취소되거나 고객으로부터 승인받지 못함.
- 도전(Challenged): 프로젝트가 제 시간을 넘고 계획된 예산을 초과하고, 계획된 사양을 부분적으로 충족하여 종료됨.

1994년도의 발표결과를 살펴보면 프로젝트의 31%가 종료되지 않고 취소되었으며, 프로젝트가 성공으로 판정된 것은 겨우 16%에 불과했다. 이런 조사결과에 충격을 받은 IT 업계에서는 프로젝트 수행에 대한 문제를 해결하기 위해 꾸준한 노력을 해왔다. 최근 스탠디쉬그룹에서 발표한 보고서에 따르면 프로젝트 수행결과가 과거보다는 개선되었지만, 여전히 많은 문제점이 발견되고 있다.

2013년 스탠디쉬그룹[2]에서 발표한 자료를 살펴보면 <그림 1-1>과 같다.

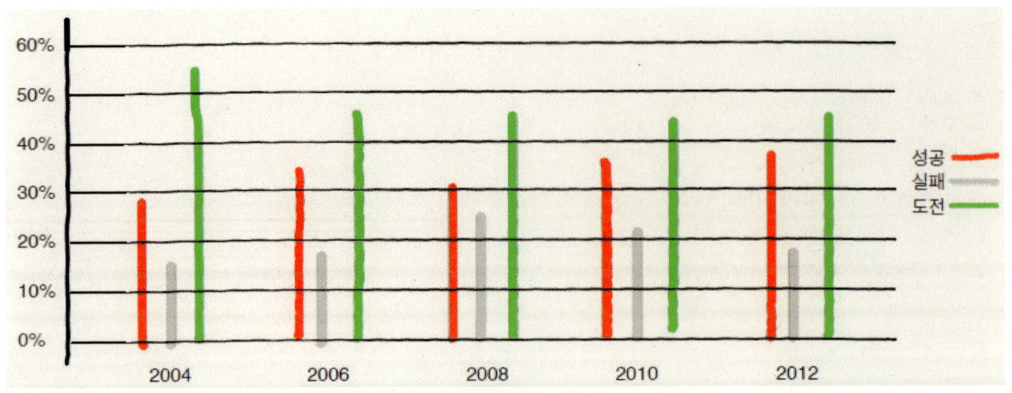

〈그림 1-1〉 프로젝트 성공, 실패, 도전

〈표 1-1〉 프로젝트 성공, 실패, 도전

	2004	2006	2008	2010	2012
성공	29%	35%	32%	37%	39%
실패	18%	19%	24%	21%	18%
도전	53%	46%	44%	42%	43%

10년간의 추이를 살펴보면, 성공률은 조금씩 높아지고 있지만, 아직도 많은 프로젝트들이 주어진 납기와 예산을 초과하거나 요구된 범위와 기능이 미흡한 상태로 완료되고 있음을 확인할 수 있다.

다음 <그림 1-2>는 프로젝트 수행 중 시간, 비용, 품질 만족도가 계획 대비 실제 어느 정도 차이가 있었는지 통계 조사한 자료이다.

- 시간(Time): 계획된 납기를 준수하지 못한 프로젝트 비율
- 비용(Cost): 초기 예산을 초과한 프로젝트 비율
- 품질수준(Features): 고객이 요구한 품질 수준을 달성하지 못한 프로젝트 비율

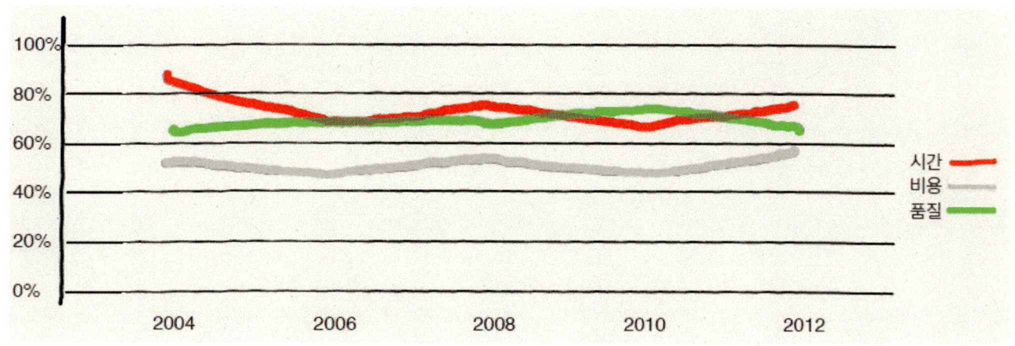

〈그림 1-2〉 프로젝트 시간, 비용, 품질 수준 비율

〈표 1-2〉 프로젝트 시간, 비용, 품질 수준 비율

	2004	2006	2008	2010	2012
시간	84%	72%	79%	71%	74%
비용	56%	47%	54%	46%	59%
품질	64%	68%	67%	74%	69%

<그림 1-2>를 살펴보면, 시간은 점점 줄어드는 추세이지만 2004년도에 비해 비용 및 품질 수준에 있어선 크게 긍정적인 변화가 없다는 것을 알 수 있다.

또 다른 IT 프로젝트의 현실은 에드워드 요든(Edward Yourdon)[3]이 쓴 『죽음의 행진』 이란 책에서 찾아볼 수 있다.

이 책의 11장에는 모의전쟁과 가상 프로젝트에 대한 내용이 나온다. 이 책에서는 프로젝트 관리자가 '죽음의 행진'처럼 되어버린 프로젝트를 수행하면서 어떻게 위기를 극복하고 슬기로운 자세로 대처할지에 대한 내용이 다뤄진다.

에드워드 요든(Edward Yourdon)은 비행기 조종사의 비행훈련을 예로 "가상 시뮬레이션 훈련은 실제 위험을 감수하지 않고서도 위험을 경험해보는 최적의 훈련 기법이다"라고 설명한다. 지식이 몸에 체화되기 위해서는 매뉴얼과 교육만으로는 부족하며 실제 경험이 필요하기 때문이다. 요든은 세미나에서 강의를 할 때 이런 질문을 많이 한다. "만일 여러분이 타고 갈 비행기의 조종사가 비행에 대한 시뮬레이션 훈련을 받은 적이 없는 사람이라면 그 비행기를 타겠습니까?" 아마도 대부분의 사람은 이와 같은 위험한 비행기는 타지 않으려고 할 것이다.

하지만 놀랍게도 많은 프로젝트 관리자는 제대로 된 시뮬레이션 훈련 과정을 제공받지 못한 채 실전에 투입되는 경우가 빈번히 발생한다. 게다가, 많은 경우 이러한 훈련에 대한 필요성을 자각하지 못하는 경우도 있다. 이렇게 하더라도 적응력이 뛰어나고 영리한 분들은 프로젝트를 성공시킬 수 있지만, 대다수 프로젝트 관리자에게 이런 행운은 따라오지 않을 것이다.

필자의 경우에는 신입사원들이 의례적으로 거치는 프로젝트 현장에 투입되어 비중 없는 역할로 짧은 경험을 한 것이 프로젝트에 대한 사전 경험의 전부였다. 기술적인 교육 외에 실전 프로젝트나 프로젝트 관리에 대해서는 전무한 상태에서 본격 프로젝트에 투입되었다. 말 그대로 현장에서 시행착오(Trial and Error)를 거쳐 배우게 된 것이다. 이처럼 우리의 현실은 프로젝트 교육이 아예 없거나 간단한 교육을 받고 투입되는 경우가 전부이다. 실전을 위한 체계적 교육은 전혀 이뤄지지 않은 상태에서 프로젝트를 맞이해야 하는 상황이다.

가트너(Gartner)[4]에서는 프로젝트가 어려움에 빠지는 이유를 항공기로 비유해 <그림 1-3>과 같은 6가지로 설명하고 있다.

〈그림 1-3〉 프로젝트에서 문제가 생기는 이유

① 가시성 부족(Fog)

Fog는 안개 또는 안개와 같이 뿌연 상태를 의미하며, 프로젝트에서의 안개(Fog)는 위험, 지연, 범위추가(Scope creep) 등의 영향에 대해서 가시성이 부족함을 의미한다. 많은 프로젝트가 프로젝트의 주요한 위험을 간과하고 지나가 버리는 경우가 많으며, 이와 같은 위험요소가 실질적인 여러 가지의 문제로 드러날 시점에서 허겁지겁 정신을 차리고 대응하기에 급급하다. 우리가 진행하는 많은 프로젝트에서 납기와 품질에 치명적인 영향을 줄 수 있는 범위증가(Scope creep)에 대한 실질적인 영향을 파악하지 못하고 앞으로 나가려고 하는 경우가 많다.

② 경험 없는 프로젝트 관리자(Novice in the cockpit)

Novice in the cockpit은 말 그대로 조종석에 앉아 있는 사람이 신참이라는 것을 말하는데, 프로젝트에서 프로젝트 관리자의 역량이 부족한 것을 말한다. 프로젝트 관리자가 여러 측면에서 역량이 부족하면 프로젝트를 올바르게 이끌어가는 것이 불가능하다. 물론 위기상황에 대한 대처 능력도 떨어질 것은 불을 보듯 당연하다.

③ 교착 상태(Quicksand)

Quicksand는 올라서면 푹 빠져 버리는 젖은 모래층인데, 프로젝트가 이와 같이 정체되어 진행이 안 되는 경우이다. 여기에는 다양한 원인이 있는데 예를 들면, 일관되고 효율적인 분석 및 정의가 부족해 더 이상 일의 진행이 안 되는 경우나 요구사항이 명확하지 않아 고객의 진정한 의도를 파악하지 못한 경우, 진행되는 회의에서 서로 간의 의견이 좀처럼 한 방향으로 수렴되지 않는 경우, 다양한 이해관계자 사이의 갈등을 해결하지 못해 도무지 진척이 이뤄지지 않는 경우 등 여러 가지 이유가 있다. 의외로 많은 프로젝트가 교착 상태에서 빠져나오지 못한다. 다분히 정치적인 문제와 원활한 커뮤니케이션이 이뤄지지 않는 것이 원인일 수 있다.

④ 무모한 질주(Premature haste)

Premature haste는 너무 성급하게 일을 처리하는 것을 말하며, 많은 프로젝트가 타당성에 대한 면밀한 검토나 이해관계자 간 충분한 합의 없이 서둘러 진행해 문제가 발생한다. 실제로 우리의 프로젝트를 보면 초기에 요건이 불명확한 것들에 대해서도 시간이 없어서 가정하고 진행하다가 다시 처음으로 돌아가거나 무수한 재작업이 이어지는 경우가 많다.

⑤ 독단적 행태(Cowboy culture)

Cowboy culture는 IT 전문가들이 갖는 독단적인 이미지로, 무모한 질주(Premature haste)가 독단적 행태(Cowboy culture)의 하나의 특징이라고 볼 수 있다. 프로젝트에 영향력이 있는 특정인(전문가 포함)이 포함되어 있고, 이 한 사람에 의해 모든 진행방향이 결정될 경우도 이러한 문제에 봉착될 수 있다.

⑥ 버팀목 없음(Homelessness)

프로젝트를 진행하다 보면 예상치 못한 문제를 해결하는 등 지원이 필요한 경우가 많은데, 조직기반이 약해 프로젝트 관리자를 도와줄 환경이 안 되는 것을 말한다. 대표적인 것으로 조직 내 교훈(Lessons-learned)이 공유되지 않고 프로젝트의 포트폴리오 관점(Portfolio view)이 전혀 보이지 않는 경우이다. 프로젝트를 수행하는 인력과 프로젝트 관리자 모두가 경험이 부족할 시에는 문제가 더욱 심각하게 된다. 필자가 주변에서 경험한 프로젝트에서도 비슷한 상황이 발생했다. 고객이 원하는 것을 맞춰주기에는 내공도 부족하고 필요한 정보를 얻어야 하는데 회사 내부에는 관련된 정보가 없으며, 적극적으로 지원해줄 만한 사람도 없었다. 다행히 시간이 지나면서 스스로(일부 고객의 지원을 받으며) 문제를 해결해 나간 것이다.

2. 다중 프로젝트 수행 이슈는 무엇인가?

다중 프로젝트(Multi-project), 또는 다중 프로젝트 관리(Multi-project management)라고 하면 다음과 같이 여러 가지 의미를 내포할 수 있다[5].

- 경험 많은 PM이 하나의 프로젝트를 관리하지 않고 동시에 여러 개의 프로젝트를 관리하는 것
- 차세대 정보시스템 개발과 같은 대규모 프로젝트에서 Program 수준의 복합 시스템

(많은 Sub-Project로 구분될 수 있음)을 관리하는 것
- 기업 내에 진행되고 있는 다수의 프로젝트를 관리하는 일

사실 이 모든 것을 다중 프로젝트(관리)라고 말할 수 있을 것이다. 일반적으로 다수의 프로젝트를 관리한 경험이 있는 PM이라면 몇 개의 프로젝트를 동시에 관리할 수 있다.
이러한 멀티태스킹(Multi-tasking) 관점의 다중 프로젝트 관리에서도 고려할 것이 많이 있지만 기업 내에서 진행되는 여러 가지 프로젝트를 좀 더 큰 관점의 시각에서 관리하는 다중 프로젝트(프로그램, 포트폴리오)도 있다. 오늘날과 같이 많은 프로젝트가 동시에 진행되는 곳에서는 이러한 관점의 다중 프로젝트 관리의 중요성이 더욱 커지고 있다.

① 프로그램 및 프로그램 관리
PMO에 대한 이해를 위해 다중 프로젝트(Multi-Project)의 개념을 제대로 숙지하는 것이 필요하다. 왜냐하면 PMO는 여러 프로젝트가 진행되는 상황에서 조직 전략과의 연계 및 특정 사업의 목표를 달성하기 위한 조직이기 때문이다.
다중 프로젝트(Multi-Project)는 프로그램과 포트폴리오가 포함된다.

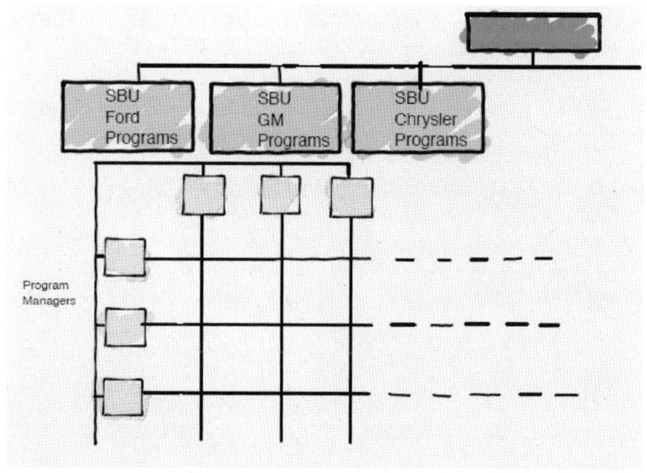

Source: Harold Kerzner, Project Management 10th edition (2009),
Strategic Business Unit Project Management

〈그림 1-4〉 전략사업단위와 프로그램 관리[6]

일부 기업에서는 장기적인 비전과 전략과제를 체계적으로 수행하기 위해 조직을 재설계하며, 전략사업단위(SBUs, Strategic Business Units)를 핵심사업 영역별로 구축하고, 전략사업단위(SBU)별로 이러한 프로그램 중심의 업무를 수행하고 있다. <그림 1-4>와 같이 전략사업단위 내에 프로그램 관리자를 두고 전략사업을 수행하게 되면, 고객과 좀 더 밀착되어 시장변화에 유연하게 대응할 수 있다.

프로그램은 여러 개의 프로젝트로 이루어지는데, 이러한 프로젝트들 중에 일부는 순차적으로 진행을 하고, 일부는 여러 개의 프로젝트가 동시에 진행될 수 있다. 프로그램도 일종의 프로젝트의 특성을 지니고 있어서 제한된 시간을 가지고 수행되지만, 주로 2~5년 정도 혹은 그 이상의 장기적 기간 동안 진행된다. 국방이나 항공우주 관련 프로그램은 보통 5~10년의 기간 동안 진행되기도 한다.

전형적으로 프로그램은 어느 하나의 제품이 아닌 제품군(Product Family)의 개발에 적용되며, 대규모의 투자 혹은 조직 구조의 재설계와 같은 업무에도 적용될 수 있다.

프로그램 관리는 서로 관련이 있는 몇 개의 프로젝트를 하나로 묶어서 조정된 방향으로 관리하여 각각의 프로젝트를 관리하는 것으로는 얻을 수 없는 추가적 혜택(Benefit)과 통제효과를 가져올 수 있다. 예를 들어, 제조회사의 경우, 개별적인 몇 개의 신제품 개발과 함께 일정기간 동안 다수 제품의 출하를 조정하는 것을 동시에 책임지는 프로그램 관리자를 눌 수 있다. 실제로 많은 전자 제품 회사들이 개별 제품 줄시(프로젝트)와 장기간에 걸쳐(지속적 운영) 여러 제품군의 계획적 출시를 모두 책임지는 프로그램 관리자를 두고 있다. 최근 한 세미나에서 어떤 분의 강연을 들었는데, 국내에는 이러한 프로그램 관리자가 일을 잘 수행하는 경우를 보기 힘들었다고 한다. 이 말은 단적으로 프로그램 관리를 수행하기 쉽지 않고 많은 노력과 지원이 필요함을 의미한다.

프로그램에는 반복적 또는 주기적으로 수행되는 일련의 업무도 포함될 수 있다. 예를 들면, 다음과 같은 경우이다. 공공 설비 기관에서 종종 얘기되는 연례 "건설 프로그램", 즉 과거부터 이어온 노력 위에 구축된 연속물 형태의 프로젝트가 있다. 또한 많은 비영리 단체에서 회원 모금 운동이나 경매 등의 "기금조성 프로그램"을 운영하여 일련의 개별 프로젝트에 필요한 재정 지원을 조달하고 있다. 신문이나 잡지 출간도 프로젝트로 관리되는 개별적 발행을 갖는 프로그램이다. 일반적인 운영 작업이 "프로젝트화된 경영"이 될 수 있는 하나의 예이다.

프로젝트 관리와 대조적으로 프로그램 관리는 프로젝트 그룹을 중앙에서 통합 방식으로 관리하여 프로그램의 전략적 목표와 장점을 성취하는 것이다.

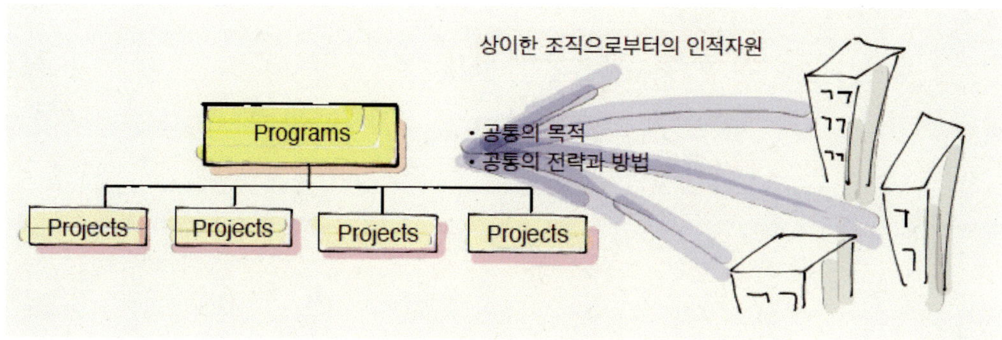

〈그림 1-5〉 프로그램 관리

〈표 1-3〉 프로그램 관리

구분	프로그램 관리	프로젝트 관리
관점	산출물을 만들기 위한 프로세스	산출물
범위	다중 프로젝트	단일 프로젝트
커뮤니케이션	프로젝트 간 의사소통	프로젝트 내에서
조직	PMO	프로젝트 팀
자원	다중 프로젝트의 효과적인 인력 투입	팀원의 적기 제공

프로그램 관리는 〈표 1-3〉과 같이 프로젝트 관리와 비교해보면, 바라보는 관점 및 관리 포인트에서 큰 차이가 존재한다. 즉, 프로젝트에서는 프로젝트 산출물에 집중하여 단일 프로젝트만 관리하면 되지만, 프로그램 관리에서는 이러한 산출물을 만들기 위한 프로세스와 다중 프로젝트(Multi-project)에 집중하여 프로젝트 간 의사소통을 잘 통제하는 것이 중요하다. 하지만 프로젝트에서 산출물을 만들기 위한 방법론이 명확하지 않아서 혼돈을 야기하는 경우가 있으며, 프로젝트 간 원활한 의사소통이 이루어지지 않아서 문제가 발생하는 경우가 많다. 이러한 다중 프로젝트 관리를 위해서는 전담조직이 필요하다. 다중 프로젝트 관리를 위한 PMO의 중요한 기능 가운데 프로젝트를 통합적인 관점에서 관리하고 커뮤니케이션하는 역할이 있는데, 성공적 프로젝트 관리를 위해서는 매우 중요하다. 필자가 경험한 많은 프로젝트에서는 이러한 관리가 좀처럼 잘 이루어지지 않았다. 어떤 의미에서 다중 프로젝트를 관리하는 PMO의 역할 가운데 가장 중요하면서도 잘하지 못하는 부분이 아닌가 싶다. 그리고 다중 프로젝트에서는 하나의 프로젝트가 아닌 전체적인 최적화 관점에서 인력 관리를 수행해야 한다.

② 포트폴리오 및 포트폴리오 관리

원래 포트폴리오란 용어는 주식투자에서 위험을 줄이고 투자수익을 극대화하기 위해 여러 종목에 분산 투자하는 방법을 말하는데, 이를 프로젝트 관점에서 바라보면 기업이 시장(Market)이나 산업(Industry) 영역에서 경쟁 우위를 얻기 위해 전사적으로 활용할 수 있는 전사적 관점의 전략(Corporate strategy)을 수립하고, 다시 각 사업부 단위(Business Unit)로 특정한 시장이나 산업에서 경쟁 우위를 얻기 위해 활용할 수 있는 전략으로 생각해볼 수 있다.

포트폴리오 관리는 이러한 전략적인 사업 목적을 달성하기 위해 프로젝트 및 프로그램에 대한 일련의 계획을 어떻게 잘 추진해 나가는 것과 관련이 있다. 이러한 포트폴리오 관리와 프로그램 관리에서는 자원에 대한 우선순위와 비즈니스 혜택(Benefit)에 대한 최적화를 중요시한다. 너무나 당연한 것이지만 많은 프로젝트를 관리하면서 전략적인 사업 방향이 수립되어 있지 않으면, 프로젝트 간 의존 관계나 인력 투입 시점, 신규 프로젝트 일정 등에만 치중해 단순 관리만을 하게 되는 경우가 많다.

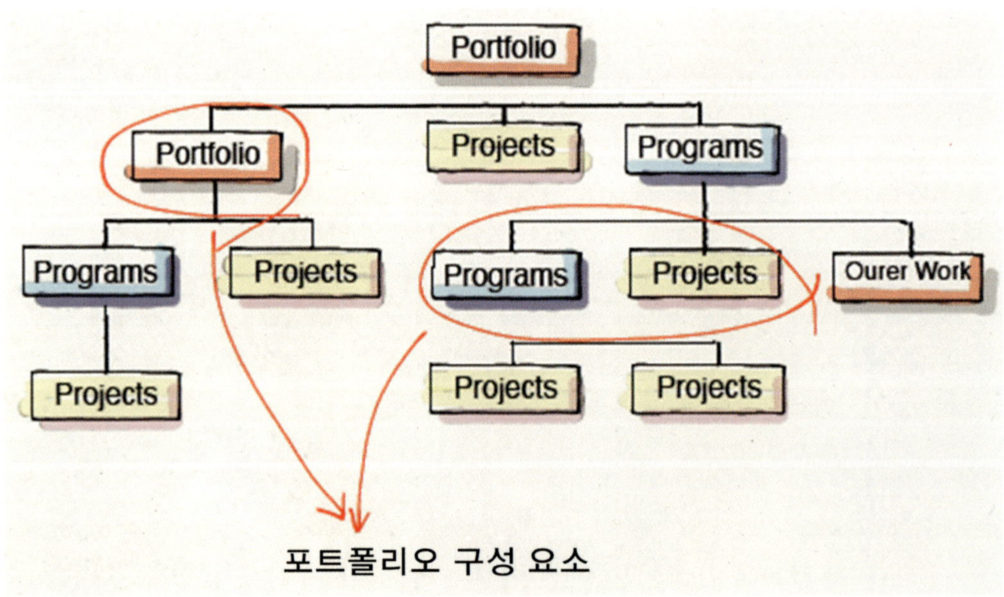

〈그림 1-7〉 포트폴리오 구성 요소

〈표 1-4〉 포트폴리오 구성 요소

구분	설명
포트폴리오	전략적인 사업 목적을 달성하기 위해 효율적으로 실행하기 위한 프로젝트 및 프로그램과 관련 작업의 집합
프로그램	개별 프로젝트들을 각자 관리했을 때 획득할 수 없는 혜택 및 통제 효과를 얻기 위한 일련의 관련 프로젝트들의 그룹
프로젝트	특수한 목적을 갖고 일정기간 동안 작업을 수행하여 결과물을 만들어내는 과정(활동)

일반적으로 프로젝트의 수가 많아질수록 조직 차원의 관리노력이 더 많이 필요하다. 주로 프로젝트 중심 기업에서의 업무 프로세스는 복잡도가 높고 수행기간이 길며, 다수의 프로젝트가 동시적으로 수행되므로 조직이나 기업 차원에서의 프로젝트 진행의 전략과 전술이 필요하다. 포트폴리오는 프로젝트 중심의 조직에서 수행되는 여러 프로그램과 프로젝트의 집합체를 의미하며 그 구성은 <그림 1-7>과 같다.

포트폴리오 관리는 전사적인 관점에서 프로젝트를 관리하는 것으로, 기업의 미션/비전/전략에 연계된 프로젝트 관리, 프로젝트 중심 경영과 사업가치 창출 등이 중요하다.

포트폴리오 관리의 목표 중 하나는 포트폴리오에 포함시킬 후보 프로젝트나 프로그램을 주의 깊게 검토하고, 포트폴리오의 전략 목표 달성에 미치지 못하는 프로젝트를 시의적절하게 퇴출시킴으로써 포트폴리오의 가치를 최대화하는 것이다. 또 다른 목표는 기업의 대규모 투자에 있어 포트폴리오 사이의 균형 유지와 효율적인 자원 사용에 있다. 따라서 경영층이 조직의 포트폴리오 관리에 대한 책임을 맡게 된다.

기업은 미래를 위하여 다양한 프로젝트를 추진하고 있다. 이때 포트폴리오의 구성은 개별 기업의 자체 기준에 의해 정해진다. 예를 들어, 기업의 프로젝트 포트폴리오를 마케팅, 연구개발, 설비투자, 인력 양성 등의 네 가지 그룹으로 크게 구분한다면 이들 각각의 연도별 투자 예산 한도액을 책정할 수 있다. 이 포트폴리오별 예산 한도액의 범위 내에서 개별 프로젝트는 제약을 받게 된다.

따라서 포트폴리오 관리를 하는 중에는 이미 시작되어 진행 중인 프로젝트라도 경영환경이 변하여 더 이상 프로젝트의 가치가 없어진 경우에는 프로젝트 자체가 중단되기도 한다. 반대로 프로젝트 규모가 확대되거나 예산이 증액될 수도 있고, 납기를 당겨서 추진하게 되는 경우도 있다. 이처럼 환경변화에 유연하게 대응하는 것이 조직의 전략을 관리하는 PMO의 중요한 역할이다. 해외 사례와 비교해보면 국내의 PMO는 포트폴리오 관리를 하는 경우가 많지 않은 것이 현실이다. 그리고 굳이 포트폴리오 관리가 아니더라도 국내의 문화는 한 번 진행한 프로젝트를 중간에 중단하는 것 또한 쉽지 않은 면이 있다.

최근 정부기관에서 주도하는 몇 년에 걸친 대규모 프로젝트가 추진되었다. 이 프로젝트는 여러 개의 서브과제들이 있으며, 과제별 별도의 담당자 및 여러 레벨의 관리가 이뤄졌다. 하지만 연도가 지나면서 환경의 변화에 따라 초기 계획한 사업의 목적이나 방향과 일치하지 않는 일부의 프로젝트가 생겨나게 되었다. 이 경우에 전체 프로젝트의 방향성을 고려하여 더 투자해봤자 도움이 안 되는 것은 빨리 정리하는 것이 필요한데도 끝까지 진행하면서 프로젝트 마무리 시점에 실질적인 사업의 가치를 얻지 못하고 프로젝트를 마무리하는 경우를 보았다. 이때 포트폴리오에 대한 관리를 제대로 진행했다면 비록 그동안의 투자를 포기하는 것에 대한 아쉬움이 남았겠지만, 전체적 성과 측면에서 더 도움이 되는 결과를 가져올 수 있었을 것이다.

참고문헌

[1] BIA(Business Improvement Architects), "The Impact of Implementing a Project Management Office-Report on the Results of the On-Line Survey", Research Report, 2005.

[2] The Standish Group, Chaos Manifesto, 2013.

[3] Edward Yourdon, 죽음의 행진(Death March), 소동, 2005.

[4] Project Management Office: The IT Control Tower, Gartner, 2005.

[5] Hohaeng Cho, IT 프로젝트의 현실과 하나의 대안, KPMA, 2013.

[6] Harold Kerzner, Project Management 10th edition(2009), Strategic Business Unit Project Management.

Chapter 2

프로젝트 관리의 변화 요구

1. 프로젝트 관리는 어떻게 발전했는가?

초기 프로젝트 관리는 비용(Cost), 시간(Time), 품질(Quality)을 중심으로 일부 산업영역에서만 관심을 갖는 전문적인 일이었다. 이후 프로젝트 환경이 변화되면서 다양한 산업 영역에서 프로젝트 관리에 대한 관심이 생겨나기 시작해 프로젝트 관리에 대한 적용 분야가 확산되었다. 이와 같이 다양한 산업영역에서 관리의 폭과 식견이 넓어지면서 초기 프로젝트 관리의 영역 외에 프로젝트 범위, 위험, 의사소통, 인적 자원 등을 포함한 통합적인 관점으로 프로젝트를 관리하는 모습으로 변화되었다. 그리고 오늘날은 이전에 비해 프로젝트의 규모가 커지고 복잡성이 증가해 관리의 영역이 더욱 넓어지고 있다. 그리고 새로운 기술을 적용해야 하는 프로젝트나 조직의 사활이 걸린 전략 차원의 프로젝트도 많이 수행되고 있다. 이러한 프로젝트를 프로젝트 관리자 한 사람에게 모두 맡겨두는 것은 조직 입장에서는 어쩌면 커다란 모험이 아닐 수 없다. 프로젝트 관리자는 이해관계가 서로 상충하는 다양한 집단 간의 불협화음을 극복해 프로젝트가 정상궤도로 운항하도록 해야 하는데, 오늘날의 프로젝트는 점점 더 많은 기술적인 문제, 비즈니스 문제 그리고 정치적인 문제가 복잡하게 얽혀져 PM 혼자서는 다양한 문제를 관리하는 데 한계에 봉착하게 되는 것이다. 일반적으로 프로젝트 규모가 커질수록 프로젝트 현황(Project status)을 정확히 파악하는 것은 어려우며 이와 같은 문제를 해결하기 위해, 전략적인 프로젝트 관리를 위한 다양한 움직임이 나타났다.

IT, 항공, 제조 분야와 같은 프로젝트를 중심으로 경영이 이뤄지는 기업에서는 PMO(Project Management Office)의 도입이 프로젝트 관리상의 이러한 이슈를 해결할 수 있는 좋은 대안으로 인식되었으며, 규모 및 활성화의 정도에는 차이가 있으나 많은 기업들에서 PMO를 점차 확대하려는 움직임을 보이고 있다. 국내 금융권의 차세대 프로젝트의 경우도 규모 있는 복잡한 시스템을 유기적으로 통합 관리하기 위해 PMO 도입을 추진하고 있다.

항공운항을 원활하게 하려면 관제탑(Control Tower)[1]이 필요하듯이 프로젝트 관리를 제대로 하려면 프로젝트 관리 오피스가 필요하다. 다음 도표를 보면 그 유사점을 확인할 수 있다.

<표 2-1> PMO와 항공 관제탑 비교

구분	성공적인 프로젝트를 위한 IT Project Office	안전한 운항을 위한 Air Traffic Control Tower
IT 조직 vs 항공사	프로젝트는 착수일(Start date)과 종료일(Finish date)이 있음	항공기는 이륙시간(Take-off time)과 착륙시간(Landing time)이 있음
	프로젝트는 고유의 산출물(Deliverable)을 고객에게 인도해야 함	항공기는 승객(Passenger)을 안전하게 목적지에 이동시켜야 함
	프로젝트 관리자(Project Manager)	조종사(Pilot)
	개별 프로젝트 범위를 넘어서는 많은 프로젝트 관리 이슈 발생(프로젝트 간 자원 충돌, 기술적인 문제 발생으로 대처 곤란한 상황, 불필요한 프로젝트에 대한 이슈, 전략적 목표와 일치하지 않는 프로젝트 등)	개별 비행 범위를 넘어서는 항공교통관제(Air traffic control) 이슈 발생(기상이변에 따른 정보제공, 활주로 주변 환경문제로 공중대기 지시, 이륙방향 지시, 긴급 시의 소방 및 구급차량 출동 요청 등)

항공기 운항에서 조종사(Pilot) 단독으로 통제(Control)할 수 없는 요소가 분명히 있듯이, 조직의 목표(Goal) 달성을 위한 프로젝트도 프로젝트 관리자가 모든 환경을 개척하는 것은 무리가 따르는 것이다.

또한 개별 프로젝트들에서 기술적인 문제가 초래되거나 납기지연, 비용초과 혹은 최종 제품 및 서비스의 사양미달 등의 결과가 나타나는 경우, 고객과의 계약상의 문제를 야기하고 이로 인해 조직이나 기업 전체로 영향을 미칠 수도 있다. 그러므로 좀 더 상위 수준의 관리계층에서 전략을 수립하고 세부적 해결을 위한 전술을 확보하여 지속적으로 프로젝트를 관리하는 것이 필요하다.

2. PMO 개념은 어떻게 발전했는가?

PMO는 1950년대부터 그 개념이 발전해왔다. 초창기에는 일부 프로젝트에서 적용되던 개념이었으나 점차 IT 프로젝트를 넘어서는 경영혁신 관점으로까지 확대되면서 오늘에 이르게 된 것이다.

① PO(Project Office): 1950~1990년

미국에서는 거의 40년 동안 PO(Project Office 또는 Program Office)[2]가 고객을 위한 조직으로 구성되어 왔다.

1950년대 미국에서는 기업이 육군, 해군, 공군 등의 대규모 프로젝트(Large project)를 수행할 때, 고객(Army, Navy, Air Force)별로 프로젝트 관리를 수행하는 팀으로 조직을 만들었다. 즉, 발주기관이 사업자와 공동으로 프로젝트 관리팀을 만든 것이다. 이런 조직을 만든 목적은 고객과 좀 더 가깝게 일을 진행하기 위한 것으로, 관리의 체계화를 이룬 점은 높이 살 만하다. 이 당시 고객은 PO를 운영하기 위한 비용을 지불하였다. 이러한 프로젝트들은 대부분 실제로 엄청난 규모의 돈이 들어가는 프로그램(Program) 성격이었고, PO에 속한 사람들은 하나의 프로젝트에서 10~15년 동안 있는 것이 일반적이었다. 이러한 사례가 알려지면서 일부 기업들에서는 자체 프로젝트 관리를 위해 크고 작은 개별 프로젝트에 대해 프로젝트 관리팀을 만들어 활용했는데 각각 따로따로 전략 계획이 수립되다 보니, 프로젝트 상호간 최적화나 시너지효과를 낼 수가 없었다. 당시에는 개별 프로젝트에 대한 프로젝트 관리를 진행했고, 체계화된 전사 차원의 관리는 할 수 없었다고 볼 수 있다.

1980년대 접어들면서 미 국방부와 정부조직은 지출을 줄이기 위해 PO의 기능을 축소하였다.

② PMO(Project Management Office): 1990~2000년

1990~1991년은 미국의 경기 침체기로, 이 시기에는 경영학에서 효율과 효과를 추구하던 시기이다.

당시에는 프로젝트 관리의 가치가 항공, 국방, 중건설(Heavy construction) 산업에만 적용된다고 생각되던 시기였는데 그 가치가 프로젝트 중심이 아닌 일반산업(Non-projectdriven industries)에도 확장되면서 PMO의 유효성이 재인식되었다. 그리고 프로젝트 관리를 전략적으로 활용하려는 움직임이 일기 시작하여 PMO를 설립하는 기업이 늘어나게 되었다.

이 시기의 PMO의 주요 역할은 다음과 같다.

- 견적, 계획수립, 일정 관리, 통제, 보고의 표준화
- 프로젝트 관리에 대한 역할과 책임 구분
- 프로젝트의 성공과 실패에 대한 교훈 수집
- 지속적인 벤치마킹
- 프로젝트 관리를 위한 양식, 방법론 개발
- 기존 프로젝트 수행방법에 대한 개선 실시
- 프로젝트 표준 및 모범사례(Best Practice) 식별
- 프로젝트 관리에 대한 전략적 계획수립
- 프로젝트에서 문제 발생 시 처리하는 긴급조치체계(Hotline) 수립
- 프로젝트 수행 능력 향상을 위한 훈련 프로그램 개발
- 기업의 자원 계획 수립, 위험 평가, 복구계획 수립

이러한 변화들이 발생되면서, 조직에서는 PMO를 프로젝트 관리의 역량센터(CoE, Center of Excellence)로 이름을 바꾸어 부르게 되었다. PMCoE(Project Management Center of Excellence)는 프로젝트 수행이나 계획에 대한 시정조치를 하기보다는 이해당사자에게 정보를 제공하는 책임을 지고 있었다.

얼마 전 필자는 국내 대형 SI 업계에서 추진 중이었던 TCoE(Test Center of Excellence)를 수립하고 전파하는 프로젝트에 참여했었다. 프로젝트 전반에 대한 역량제공을 위한 것이 PMCoE라면 테스트 전반에 대한 관리를 지원하기 위한 역량체계가 바로 TCoE인 것이다.

TCoE는 표준화된 테스트 방법론, 모범 사례, 자동화, 측정 및 도구를 사용하는 센터로, 비즈니스 위험에 기반해 배포 결정을 내릴 수 있도록 도울 수 있고, 소프트웨어 시스템이나 프로젝트의 품질 수준에 대한 가시성을 제공할 수 있다.

③ PMO(Project Management Office): 2000~현재

2000년대가 되면서, PMO는 기업 계층구조에서 일반적인 것이 되어 버렸다.

이전과 비교할 때 역할에서 큰 변화는 없지만, 프로젝트 관리오피스는 프로젝트 관리에 대한 모든 지적 자산을 관리하고, 기업의 전략 계획 수립에 적극적인 지원을 수행한다는 새로운 임무가 생겼다.

PMO가 기업의 전략 계획을 적극적으로 지원한 것은 Y2K 이후이다. 이 무렵 기업들은 좀 더 일관되고 전략적인 IT 프로젝트를 수행하기 위해서 PMO를 도입했다. PMO가 왜 설립되었을까? 여기에 대해서 'Advanced Project Portfolio Management and the PMO'[3]에서는 다음과 같이 말하고 있다.

"Y2K Project 추진 시에 IT 부서에서는 좀 더 체계화된 접근방법으로 기업의 모든 기술 개발계획을 관리해 나가는 것이 필요하게 되었습니다. 각 부서에서는 기술에 대해 다른 접근법을 가지고 있어서 부서 간의 계획, 견적, 프로젝트 추적, 자원 관리, 일정 계획 간의 불일치가 발생하였고, 각 부서에 대하여 IT 부서가 고품질의 서비스를 제공할 수가 없었습니다."

3. CM vs. PMO

현재 국내 IT 서비스 산업의 경쟁력 저하는 오래전부터 이슈가 되었다.

일례로 정보화 사업의 발주자와 수주자 간의 역할과 책임 분담이 제대로 되어 있지 않아서 발주자의 횡포에 대해서 어떻게 대응해야 할지 몰라 당황해하는 수주업체의 프로젝트 관리자가 있으며, 잘 모르는 발주자는 수주업체가 해야 할 일을 떠맡아서 하는 경우도 발생하고 있다. 이와 같은 문제를 해결할 수 있는 방안은 무엇일까?

건설산업에서는 대형 건설 사고 이후인 1997년에 건설사업관리(CM, Construction Management)제도를 운영했으며, 발주자를 대신하여 건설공사에 대한 사업관리업무를 수행했다. 국방분야에서는 2007년 방위사업청에서 PMO와 유사한 통합사업관리제도를 운영했다. 원자력 분야에서는 한전 자회사인 한국전력기술에서 전문 공정관리(PM)를 수행했다. 이 가운데 CM은 공공부문의 대규모 복합공사, 고난이도 공사 등에서 큰 효과를 이뤄냈다. CM[4]은 발주자를 대신하여 건설공사에 관한 기획, 타당성 조사, 분석, 설계, 조

달, 계약, 시공관리, 평가, 사후관리 등에 관한 관리를 수행하는 서비스이다.

이 CM은 기존의 감리와는 다른데, 감리는 시공 중 공사가 도면과 시방서대로 수행되고 있는가를 감독하는 행위지만 CM은 시공 전 활동을 더 중요하게 다루고 있다. 이러한 CM의 효과는 아래와 같다.

- 프로젝트에 대한 전문적인 경험과 관리력을 바탕으로 각 사업 참여자 간에 발생하기 쉬운 이해충돌과 의사소통 문제를 사전에 예방하며 발주자의 입장에서 일관성 있는 관리를 수행함.
- 전문 지식과 경험을 바탕으로 가치공학(Value engineering)이나 시공성 검토(Constructability review)를 설계 과정뿐만 아니라 프로젝트 진행 과정에서도 지속적으로 수행하여 원가를 절감함.
- 적절한 설계와 시공 단계의 중첩으로 공사기간과 공사비의 실질적 감축, 사업의 유연성(Flexibility) 확보 및 장기간의 불확실성을 회피함.
- 사업 초기부터 예산을 검증하고 불필요한 예산증액이나 설계변경 등을 관리하여 예산 범위 내에서 프로젝트를 수행함.
- 필요한 정보를 취합, 분석하여 공사 참여자에게 적시에 전달될 수 있도록 함으로써, 정보의 공유 속도와 효율을 향상시킴.
- 건설 전문지식이 부족한 발주자에게 기술적인 자문을 제공하여 합리적인 의사결정을 유도하여 사업실패를 사전에 예방함.

위와 같이 설명되는 건설업의 CM과 유사한 제도가 바로 IT에서의 PMO이다.

물론 기업에서 프로젝트를 많이 진행하는 곳(예: 항공, IT 기업)에서는 자체적인 PMO 조직을 구성해 관리하고 있다. 현재는 이러한 움직임이 일반 기업에게로 확산되고 있는 추세이다. CM과 유사한 관점의 PMO를 살펴보면, PMO는 정보화 사업 전 또는 동시에 발주자와 별도 계약을 맺어 해당 정보화 사업을 발주자의 입장에서 관리해주는 서비스이다. 많은 금융기관들이 PMO 전문업체와 별도의 계약을 맺어 차세대 프로젝트를 추진하고 있다. 따라서 차세대 프로젝트 진행 시에는 외부 PMO(전문업체), 내부 PMO(고객사 내부), 수주 측 PMO 모두 존재할 수 있다.

이와 같은 PMO의 존재는 프로젝트 내의 문제를 외부에서 좀 더 객관적으로 조명할 수 있도록 하는데, 이 필요성은 교통사고를 줄이기 위해 도로상황을 분석하는 것을 생각해보면 쉽게 이해할 수 있다.

교통사고를 줄이기 위해서는 현재 확인되고 있는 도로상의 결함이나 운전자가 잘못 판단할 수 있도록 하는 도로의 주변 상황 등 근본 원인에 대한 면밀한 분석이 다각적으로 수행돼야 한다. 사망자가 많이 발생한 곳, 또 교통사고가 자주 발생하는 곳을 위주로 사후 결과처리 관점에서 대책을 세우는 수동적 접근법(Reactive Approach)에 기초한 교통사고 감소 노력도 필요하지만, 이와 병행하여 사고가 날 수 있는 지점, 사고가 날 수 있는 구간에 대한 개선 등의 적극적 접근법(Proactive Approach)에 기초한 도로안전에 대한 계획수립이 절대적으로 필요하다. 최근 들어서는 고속도로의 휴게소마다 대형 TV를 설치해두고 주요 교통사고 장면을 방영해주어 안전운전에 주의하도록 안내하고 있다. 이러한 다양한 노력을 통해 교통사고를 줄일 수 있을 것이다.

마찬가지로 프로젝트 수행환경에서도 프로젝트 내부의 문제를 수동적으로 대응하는 것을 넘어서 전략적으로 프로젝트에서 이슈가 발생하지 않도록 방지하거나, 대비할 수 있는 조직이 있어 본연의 역할을 해준다면 다양한 위험상황에서 프로젝트를 지켜줄 수 있을 것이다.

4. PMO 가치 제안

4.1. PMO 필요성

오늘날의 프로젝트는 규모가 커지고 기간은 길어지고 있으며 여기에 동시에 진행되는 프로젝트의 수가 많아지고 있어, 프로젝트의 전반적인 성공률은 높지 않다. 그리고 많은 IT 프로젝트가 시스템통합기업에 의해 수행되고 있으나, 기술이 복잡해짐에 따라 관리의 어려움이 더욱 커지고 있다. 이러한 프로젝트의 규모와 복잡성의 증가는 프로젝트가 환경변화에 민감할 수밖에 없는 상황을 만들었는데, 이러한 환경에서 기술적인 자문과 객관적인 관리로 합리적인 의사결정을 유도해 사업 실패를 사전에 예방하고, 주어진 예산 및 사업기간 내에 고품질의 프로젝트를 인도해줄 수 있다면 너무나 반가운 일이 될 것이다.

따라서 프로젝트를 보다 체계적이고 전문적으로 관리할 수 있는 독립적인 활동의 필요성이 요구된다.

4.2. PMO 도입현황

미국에서는 연방정부 프로젝트, 펜실베이니아 주 프로젝트, 주립대학 정보화 프로젝트 등 대부분의 공공 및 대학 프로젝트에서 PMO 계약을 별도로 하여 프로젝트를 수행한다. 반면, 국내에서는 우리은행 신한/조흥은행, 농협, 신영증권, 국민은행, LIG 손해보험, 하나은행, 기업은행, 한국증권선물거래소(KRX), 한국예탁결제원 등 주로 금융권의 IT 프로젝트에서 PMO를 별도로 계약해 진행했으며, 이후에는 한국철도시설공단, 여수 u-EXPO 구축 등 타 산업으로 영역이 확대되었다.

프로젝트 예산에 비해 상대적으로 PMO에 많은 예산을 투입한 프로젝트의 경우에서 적시 오픈 및 고객(내/외부) 만족도 등 프로젝트 목표 달성률이 상대적으로 높았다. 그리고 2005년도 이후 시작된 금융권 차세대 프로젝트는 예외 없이 외부 PMO를 활용하고 있다. 국내 금융권 차세대의 경우 평균적으로 주 사업자 선정 전에 PMO를 구성하여 이행 후 1~2개월까지를 PMO 운영기간으로 진행했으며, 대부분 PMBOK에 있는 지식영역을 PMO의 업무로 하고 성과 관리와 변화 관리는 선택적으로 적용했다. 그리고 사전 PMO 활동을 통해 프로젝트 시작 전 관리를 강화하는 것이 최근의 추세로 일부는 ISP의 연장선에서 PMO가 도입된 경우도 있다.

다음은 PMO 도입과 관련된 현황을 확인할 수 있는 해외(북미) 사례이다.

- 2010년 미국 프로젝트 관리협회(PMI) 조사 결과에서는 해외 대기업의 60%가 상시 PMO를 운영 중임.
- 2012년 미국 프로젝트 관리 전문 기업인 'PM Solutions' 조사 결과[5]에서는 현재까지 평균 3년 정도 PMO를 운영하고 있는 조직에서 한해 PMO 운영 예산은 평균 50만 달러로 전체 프로젝트 예산의 5% 정도를 차지하고 있고, PMO는 평균 7명으로 구성되며 PMO 조직원들의 프로젝트 관리 경험은 평균 10년이었음. 이들은 1년에 평균 5일 PMO 교육을 받는 것으로 조사됨.

PMO의 역할 측면으로 보면 국내는 아직도 차세대 정보시스템과 같은 큰 규모의 프로젝트(프로그램)에 대한 사업 관리 측면이 강하다면 해외에서는 단순히 하나의 큰 프로젝트(프로그램)의 성공적 완수를 넘어 전사적인 관점에서 기업 전략 달성을 위한 프로젝트 포트폴리오 관리 측면으로 업무를 수행하고 있다.

4.3. PMO 가치 및 효과

PMO의 가치를 한마디로 말하기는 쉽지 않다. 왜냐하면 프로젝트를 성공시키기 위해서 어떤 하나의 만능해법(Silver Bullet)이 있는 것이 아니기 때문이다. 만일 PMO가 프로젝트 성공의 열쇠(Key)가 되었다면, PMO가 해당 조직에서 뿌리를 잘 내린 결과라고 말할 수 있다. 왜냐하면 PMO는 조직의 기업문화와 밀접하게 연결되어 있기 때문이다. 즉, 조직 내에서 뿌리를 잘 내린 PMO는 뛰어난 효과를 발휘할 수 있지만 그렇지 않다면, 또 다른 낭비 요소가 될 수도 있다.

2006년도에 이루어진 'PMI Survey'에서는 PMO의 효과에 대해서 다음과 같이 말하고 있다.

성공적인 PMO를 구현한 기업에서는 80%의 ROI(Return on investment: 투자대비 효과)를 달성했으며, 프로젝트 시간을 20% 단축시켰고, 성공적인 납기를 실현한 것도 30~35%에 이르렀다. 반면, PMO가 없는 기업에서는 74%의 실패를 경험하였다.

해외 금융권의 대규모 프로젝트에서는 별도의 PMO 조직을 통하여 전체 프로젝트의 통제 및 조정의 역할을 통해 발생할 수 있는 위험요인들을 제거하여 보다 성공적으로 프로젝트가 완료되고 있다.

미국 프로젝트 관리 전문 기업인 'PM Solution'은 'PMO 현황 2012(The State of the PMO 2012)'[5]라는 연구보고서를 통해 해외 기업들의 PMO 운영 현황을 조사했다. 총 554개 기업을 대상으로 진행된 조사에는 PMO 책임자, 프로젝트 관리자(PM), PMO 조직원들이 참여했다.

PMO는 조직 내 교육에 큰 도움을 주는 것으로 나타났다. 응답 기업의 55%에서 프로젝트 관리 교육 프로그램이 진행 중인 것으로 조사됐다. 교육 형태로는 프로젝트 관리 기초(84%), 프로젝트 관리 관련 소프트웨어 교육(57%), 프로젝트 관리 기술 개발(42%), 비즈니스 기술 훈련(36%) 등이 있다.

이 조사에 따르면 현재 PMO를 운영 중인 회사는 87%에 달했다. 2000년 조사 당시 47%였던 이 수치는 2006년 77%, 2010년 84%로 계속 증가해왔다. 이는 기업에서 PMO의 중요성이 갈수록 커지고 있다는 것을 반증한다.

기업들은 PMO가 단순히 프로젝트뿐만 아니라 조직 전체의 성과에도 직접적인 영향을 미친다고 생각하고 있다. 응답 기업 중 31%가 고객 만족도와 조직성과 향상에 직접 영향을 미친다고 답했다.

기업들은 PMO가 예산 절감과 제품 적시 출시, 목표 달성에도 크게 도움을 준다고 생각하고 있다.

'PM Solution'은 'PMO 현황 2014(The State of the PMO 2014)'[6]를 통해 최근 기업들의 PMO 운영 현황을 보고했다. 총 432개 기업을 대상으로 진행되었으며 PMO 책임자, 프로젝트/프로그램 관리자(PM), PMO 조직원(Staff), CPO(Chief Project Officer), CIO 등이 참여했다. 이 조사를 통해 PMO는 조직 내 교육에 큰 도움을 주는 것으로 나타났다. 응답 기업의 49%에서 프로젝트 관리 교육 프로그램이 진행 중인 것으로 확인됐다. 교육 형태로는 프로젝트 관리 기초(85%), 프로젝트 관리 관련 소프트웨어 교육(67%), 리더십 훈련(55%), 프로젝트 관리 기술 개발(51%) 등이 있었다.

이 설문 조사에 따르면 현재 PMO를 운영 중인 회사는 80%에 달했다. 2014년도에는 소규모 기업에서 PMO 운영률이 줄어 80%가 되긴 했지만 대기업 기준으로는 그 비율이 90%이다.

PMO의 가치를 묻는 질문(복수 응답)에 응답자의 45%가 기업의 목표와 프로젝트의 정렬(Alignment)에 개선의 효과가 있다고 했고, 27%는 PMO가 프로젝트 실패율을 줄여준다고 답했다.

기업들은 PMO가 단순히 프로젝트뿐만 아니라 조직 전체의 성과에도 직접적인 영향을 미친다고 생각하고 있다. 즉, PMO는 프로젝트뿐만 아니라 조직 간 정보를 공유하고 인력을 교육하며 부문별 기능을 통합하는 역할을 하므로 PMO를 일반적이고 상시적 조직으로 운영할 경우 전체 조직의 성과를 높이는 데 기여할 수 있음을 말해주고 있다.

국내는 PMO의 도입이 초기 단계이기 때문에 해외와 같은 의미의 PMO는 아니지만 타 기업보다 앞서 PMO(Project Management Office)를 도입한 기업의 프로젝트 성공률은 높은 것으로 확인되었다. 이와 같이 PMO 도입은 프로젝트 실패에 대한 위험 관리 측면에서 도입되고 있으며, PMO 운영을 위해 후원자의 강력한 리더십이 있다면 프로젝트 성과 향상에 직접적인 효과를 나타낼 수 있다.

이 외에도 PMO의 가치를 설명해주는 여러 사례를 살펴볼 수 있다.

PMO가 기업의 전략적인 부분의 역할을 담당하게 됨에 따라 프로젝트의 목표가 기업의 전략 및 우선순위와 일치되고 있으며, PMO를 활용하여 프로젝트를 기업전략과 연계하고 있는 기업은 그렇지 않은 기업에 비하여 프로젝트 성공 확률이 더 높다(Forrester Research, 2010)[7].

PMO는 전문적이고 객관적인 기준을 가지고 전체 프로젝트의 IT Control Tower 로서 프로젝트를 통하여 발생할 수 있는 위험 요인을 효율적으로 제거하며 보다 성공적인 프로젝트를 완료하는 데 기여할 수 있다(Gartner Research, 2003).

참고문헌

[1] Project Management Office: The IT Control Tower, Gartner, 2005.

[2] Harold Kerzner, Project Management 10th edition, Strategic Business Unit Project Management, 2009.

[3] Gerald I. Kendall and Steve C. Rollins, Advanced Project Portfolio Management and the PMO, 2005.

[4] http://www.hmglobal.com

[5] PM Solutions, The State of the PMO 2012: A PM SOLUTIONS RESEARCH REPORT, 2012.

[6] PM Solutions, The State of the Project Management Office(PMO), 2014.

[7] Forrester Research, The State of the PMO, 2010.

Chapter 3

PMO의 정의와 주요 기능

PMO가 프로젝트에 기여하는 바가 많아 조직의 프로젝트 개선을 위한 주요 도구로 활용될 수 있다고 여겨지는데, 이와 같은 PMO가 무엇인지 정의하고 주요 기능을 살펴보기로 한다.

1. PMO의 정의

PMO를 우리말로 직역하면 프로젝트 관리 오피스이다. 즉, PMO는 조직 내에서 프로젝트 관리를 위한 표준을 정의하고 잘 따르게 하는 그룹 또는 부서라고 말할 수 있다. 이러한 PMO가 미국 등 선진국에서는 다수의 프로젝트를 통합 관리하는 조직 내부의 직무·기능·부서의 의미가 크다고 한다면 국내 컨설팅 업계에서는 발주기관의 사업관리 업무를 외부 전문기관에 위탁(Outsourcing)하는 것의 의미가 크다. 즉 미국 등에서는 조직 내 프로젝트관리 업무 효율화를 추구한다면 국내 컨설팅 업계에서는 개별 프로젝트의 성공적 추진을 지원하는 조직으로 이해할 수 있다. 만일 조직 내 프로젝트 관리 업무 효율화를 추구한다면 프로젝트관리 업무 표준화, 노하우 축적·전파, 자문 등을 수행할 것이며, 국내 컨설팅 업계와 같은 외부 PMO에서는 프로젝트 계획·산출물 검토, 사업자 감독, 이슈 검토, 의사결정 지원 등의 역할이 훨씬 중요할 것이다. 이러한 PMO에 대한 다양한 정의를 살펴보자.

워드(Ward)[1]는 PMO에 대해 프로젝트를 지원하는 전문성을 보유한 조직으로서 프로젝트 관리자, 프로젝트 팀을 지원하고 회사 정책에 맞도록 적합한 통제업무를 수행하는 기업 총괄 조직으로 정의하고 있다.

　베이츠(Bates)[2]는 PMO란 프로젝트 관리 능력을 향상시키고 발전시키기 위한 실질적인 사항을 제시해주는 프로젝트 기반의 조직이며, PMO를 운영한다는 것은 해당 회사의 프로젝트 관리 방법을 공식화하는 것으로 정의한다.

　딘스모어(Dinsmore)[3]는 PMO를 수동적인 프로젝트의 관리 수준을 넘어서 기존의 프로젝트 경험들을 체계적으로 정의하여 적재적소에 프로젝트 진행에 필요한 지식을 공급하고 이를 통해 프로젝트 관리의 효율성 증진을 도모하는 조직으로 정의한다.

　PMI의 PMO SIG(Program Management Office Specific Interest Group)에서는 PMO를 기업 내에서 진행 중인 모든 프로젝트의 통합 및 프로젝트 포트폴리오를 관리하는 조직으로 정의하고 이러한 조직의 목표를 달성하기 위해 프로젝트 방법론 수립, 프로세스 및 절차 수립, 프로젝트 통제, 도구, 인력, 교육 훈련 등의 기능을 수행해야 한다고 정의하고 있다.

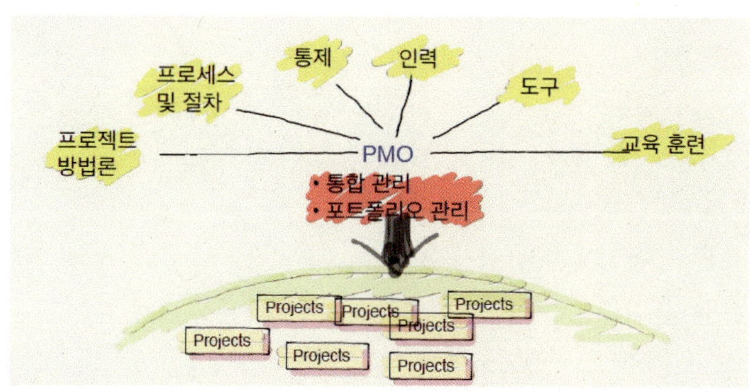

〈그림 3-1〉 PMI SIG PMO 정의

　가트너(Gartner)에서는 PMO를 조직 내의 프로젝트 관리업무를 통합하기 위해 설계된 공유 역량이라 정의한다.

　PMO 서비스를 제공하고 있는 컨설팅 및 시스템 통합회사 등에서는 PMO를 단위 프로젝트가 모여 프로그램을 이루는 경우에 대한 전문적인 관리를 위한 서비스 혹은 조직으로 정의하고 있다.

　PMO는 보통 1~2년 단위로 단위 프로젝트 간 이해관계 조정과 통합 관리를 수행하고, 구체적으로는 공통 표준 및 가이드 제시, 실행 여부 점검, 일정/범위/이슈통합 관리,

구축 이후 운영계획 수립, 통합 테스트 및 이행준비 등을 담당한다.

반면, 2~3년의 중장기 관점에서 전사의 프로젝트 포트폴리오를 관리하는 조직을 EPMO(Enterprise Project or Program Management Office)라고 하며, 프로그램/프로젝트 포트폴리오 관리, 추진 타당성 평가와 수행 후 성과평가, 예산의 관리/통제 등을 담당한다.

이러한 PMO에 대한 여러 정의를 종합해보면, PMO란 품질 관리에서부터 위험 관리, 일정 관리, 산출물 관리에 이르기까지 프로젝트 전 분야를 총괄 관리하는 기관으로, 체계적인 프로젝트 관리체제 구축과 프로젝트 수행 중 발생 가능한 위험 요소들에 대한 효과적인 관리와 통제를 통해 프로젝트의 성공적인 추진을 지원하는 조직이라 할 수 있다.

그리고 프로젝트의 사업목표와 범위를 추적하여 프로젝트의 성과를 측정하고, 프로젝트 관리 수준 향상과 품질목표 달성을 위해 필요한 제반 사항을 실시간으로 지원하며, 프로젝트 단계별 산출물에 대한 독립적인 품질활동을 실시하고 프로젝트 내 복잡한 이슈 및 위험요소 해결을 집중적으로 관리함으로써, 책정된 예산과 기간 내에 프로젝트의 목표 품질을 달성할 수 있도록 지원하는 프로젝트 관리 전담 조직이라고 정의할 수 있다.

2. PMO의 여러 가지 명칭

PMO는 그 규모와 책임에 따라서 프로젝트 오피스, 프로젝트 지원조직, 프로그램 관리 조직, 전략적 프로젝트 오피스 등으로 명명되고 그에 적합한 활동을 수행한다.

이 중 가장 범용적으로 불리는 이름은 Project Management Office이다.

- Project Office
- Project Support Office
- Project Management Office
- Program Management Office
- Project Control Office
- Strategic Project Office
- Enterprise PMO

3. PM과 PMO의 차이점

프로젝트 관리 측면에서 프로젝트 관리자(PM)와 PMO의 차이점을 정리하면 <표 3-1>과 같다.

<표 3-1> 프로젝트 관리자와 PMO의 역할구분

구분	프로젝트 관리자(PM)	PMO
행태	개인(경험 중심)	전문가 그룹(전문 관리 프로세스 및 기술 중심)
통제 범위	프로젝트 내 수행자원에 대한 통제	프로젝트 내/외의 모든 이해관계자 및 자원에 대한 통제
관리 기능	프로젝트 기본 관리영역의 이행에 초점(범위, 일정, 원가, 품질, 위험 등)	PM 관리 기능의 적절성 검토 및 감독
변경 관리	프로젝트 범위 기준에 따른 변경 관리	장기적인 프로젝트 내/외의 모든 이해관계자에 대한 변화 관리와 시장 및 기술 변화에 대한 관리
지식 관리	한시적이고 제한적인 데이터 및 지식축적(프로젝트 간 공유 미흡)	체계적 데이터 및 지식 축적 후 재활용
이슈 및 위험 관리	PM 권한범위 내의 이슈/위험 처리 방안 수립	전사 관점의 이슈/위험 모니터링 및 최적의 해결 방안 제시(상부 보고)

4. PMO의 주요 기능

국제프로젝트 관리협회(PMI, Project Management Institute)의 프로젝트 관리에 대한 표준 가이드북인 PMBOK에서는 다음과 같이 PMO의 기능에 대해서 설명하고 있다.

PMO는 다양한 레벨에서 운영될 수 있기 때문에 그 기능에 대해서도 여러 가지로 말할 수 있다. 기본적으로는 교육, 도구, 표준화된 정책 및 절차 등의 형태로 프로젝트 관리 지원 기능을 제공하는 것에서부터 프로젝트 목표 달성을 직접적으로 감독하고 책임지는 것에 이르는 총괄 업무까지 수행할 수 있다. 경우에 따라 PMO가 각 프로젝트의 착수 단계에서 총괄적인 이해관계자의 역할과 핵심 의사결정자의 역할을 수행할 권한을 위임받을 수 있고, 주요 의사결정에 대한 의견을 제시할 권한이 있을 수 있으며, 사업 목표를 지속적으로 유지하기 위해 필요하면 프로젝트를 중단할 수도 있다. 그리고 필요에 따라 공유 프로젝트 담당자나 전담 프로젝트 담당자를 선정하고 관리하며 재배치하는 과정에 참여할 수도 있다.

5. PMO 기능 정의의 변천

PMO의 기능은 연구자별로 조금 차이가 있다. 이를 연대순으로 몇 가지의 연구 결과를 살펴보면 다음과 같다.

〈표 3-2〉 PMO 기능 정의의 변천

연도	연구가/조직	정의
1994	Chase and Stewart[4]	프로젝트 산출물의 관련자 검토를 위한 중간자의 역할
2000	Robert A. Orwig and Linda L. Brennan[5]	프로젝트의 지속적인 향상을 보장하기 위한 구조적인 지원과 리더십
2002	Parviz F. Rad, Ginger Levin[6]	PMO가 제공하는 기능을 역할에 따라서 프로젝트 내에서 컨설팅, 멘토링, 팀자원의 부족한 점을 채워주는 프로젝트 중심의 기능(Project-Focused Functions)과 장기적인 관점의 프로젝트 관리 문화를 촉진하고 자료를 축적하며, 지속적인 프로젝트 관리에 대한 훈련을 하는 전사 관점의 기능
2004	Christine Xiaoyi Dai a, William G. Wells[7]	프로젝트의 성공적인 관리를 위해 프로젝트 관리 표준과 방법론의 개발 및 유지 보수, 프로젝트 과거 데이터 관리, 프로젝트 일반 관리 지원, 인력 관리, 프로젝트 자문 및 멘토, 프로젝트 관리 교육 시행
2007	Gerard M. Hill[8]	실행 관리(프로젝트 관리 방법론, 툴, 표준과 측정지표, 지식 관리), 인프라구조 관리(거버넌스, 평가, 조직과 구조, 시설과 장비지원), 자원통합(자원 관리, 훈련 및 교육, 경력 관리, 팀개발), 기술지원(멘토링, 프로젝트 계획지원, 프로젝트 감사, 프로젝트 복구), 비즈니스 연계(프로젝트 포트폴리오 관리, 고객관계 관리, 벤더와 외주 관계 관리, 비즈니스 성과 관리)

이러한 PMO에 대한 여러 기능을 종합해보면, PMO는 프로젝트 관리 표준 및 방법론 개발, PM 자문 및 멘토링을 수행하며, 프로젝트 정책, 절차, 템플릿 및 기타 공유 문서 등의 정보 보관 및 관리 역할을 수행한다. 그리고 전사적 차원에서 PMO의 모든 프로젝트 일정과 예산 감시, 성과 관리를 수행한다. 프로젝트 단계별 산출물에 대한 독립적인 품질활동을 실시하고 프로젝트 내 복잡한 이슈 및 위험요소 해결을 집중적으로 관리해, 책정된 예산과 기간 내에 프로젝트의 목표 품질을 달성할 수 있도록 지원한다.

6. 성숙도 수준에 따른 PMO의 기능

이제 <표 3-3>과 같이 프로젝트 관리 성숙도를 구분하고, 조직의 프로젝트 관리 역량에 따른 PMO의 기능을 살펴보고자 한다.

〈표 3-3〉 프로젝트 관리 성숙도별 특징 및 PMO 기능[9]

	단계별 특징	PMO의 기능
1단계 - 공통 언어	■ 사실상 경영진 차원의 지원 없음 ■ 프로젝트 관리의 장점을 인지하려는 시도가 없음 ■ 회사의 최대 이익보다는 개인의 이익이 우선시 ■ 프로젝트 관리에 관한 교육에 투자하지 않음 ■ 매번 다른 방식으로 처리하는 일관적이지 못한 프로세스 및 기술	■ 직접적인 요구사항을 해결하며, 예측 가능성과 통제력 및 팀 협업을 증진시킴 ■ 프로젝트 관리 프로세스 정의 ■ 테일러링 가이드 제공 ■ 문서화 및 자료공유 ■ 웹 기반 업데이트 환경 제공 ■ 문제점 추적 관리 및 위험 관리 ■ 프로세스와 소프트웨어를 통합하도록 PM 및 프로젝트 팀원 교육
2단계 - 공통 프로세스	■ 효율적인 개별, 단일 조직 프로젝트 계획 ■ 단일 프로젝트 내에서 범위, 일정 및 원가를 추적 관리하는 프로세스가 정립됨 ■ 프로젝트는 전반적인 프로그램에서 반드시 계획되어야 하는 것이라고 조직 차원에서 인식됨 ■ 자원 정보가 일관적이지 못하고 보장되는 자원 내용이 분석되지 않음 ■ 일부 프로젝트의 우선순위는 공식적인 우선순위 절차를 거치지 않음	■ 프로젝트 우선순위 모델 적용 ■ PMO 구성 ■ 다양한 프로젝트 관리 프로세스 구축 ■ 프로젝트 착수, 계획, 추적 관리 및 보고를 위한 표준화된 템플릿 제공 ■ 기술 기반의 조직 자원 풀 구성 ■ 상세한 자원 분석 ■ 경영진 및 스폰서 교육
3단계 - 단일 방법론	■ 프로젝트-프로그램-포트폴리오에 걸쳐서 내부적으로 일관적인 프로세스를 가지고 있음 ■ 조직 내에서 통합되고 여러 부서에서 적용되는 프로그램 용어를 정의함 ■ 프로그램 내 모든 프로젝트에서 사용되는 일관적인 계획, 추적 관리 프로세스가 정의되고 문서화됨 ■ 프로젝트 및 프로그램 자원 지원 내용이 분석됨 ■ 일관된 프로세스 및 모델을 사용해서 프로젝트가 착수되고 우선순위가 결정됨	■ 기업 자원 최적화 및 성과 측정 ■ PMO 추진의 가속화 ■ 전사적으로 작업수준별 자원 최적화 시행 ■ 프로젝트 포트폴리오 분석 ■ 프로젝트 포트폴리오 시나리오 모델링 ■ 포트폴리오 상황 대시보드 ■ 공식 프로젝트 원가 재정 보고 ■ 체계적인 프로젝트 종료 검토 ■ PM 경력 관리
4단계 - 벤치마킹	■ 통합된 포트폴리오, 프로그램 및 프로젝트 관리 프로세스 존재 ■ 전사적으로 프로세스가 문서화되고 지원됨 ■ 모든 프로젝트 및 프로그램에서 작업 수준별 자원 최적화 ■ 체계적인 프로젝트 및 프로그램 관리 추적 ■ 프로젝트 계획 준수 및 추적 관리 정도가 포트폴리오 가치, 우선순위 및 위험 평가와 밀접하게 연결됨 ■ 상세한 EPM(Enterprise Project Management) 프로세스 측정 내용이 수집됨 ■ 프로젝트 원가 시스템 존재	■ 실행능력 향상, 학습 및 성과지향의 문화와 지식 관리 체계 수립 ■ 전략-PMO-운영을 연결해주는 대시보드 ■ 프로젝트 지식 관리 및 저장소 구성 ■ 프로젝트-프로그램-포트폴리오의 유기적 작업 흐름도 구성 ■ 통합 매트릭스 및 보상 시스템 구축

| 5단계
-
지속적인
개선 | ■ 교훈사항 파일 수집
■ 조직 내 지식 전수 가능
■ PMO 멘토링 프로그램 운영
■ EPM을 위한 전략 계획 있음
■ 자원 할당 및 재할당이 프로젝트 우선순위에 따라 동적으로 정해짐
■ 포트폴리오 시나리오 분석 및 최적화를 수행하기 위해 체계적인 시스템 사용
■ 프로젝트 혜택(Benefit) 관리 프로세스 정립
■ 공식 프로젝트 성과평가 및 인센티브 보상 시스템
■ EPM 프로세스 효율성 추적 관리 | |

특정 사업이 목적이 아닌 전사 관점의 PMO는 프로젝트 관리의 정책, 표준, 방법론, 가이드를 제정 및 보급하고 관련된 교육, 기술지원, 프로젝트 관리에 대한 모니터링 및 수준 평가를 수행하는 전사적 관점의 관리 통제를 위한 전략적인 조직이라 정의할 수 있다.

EPM(Enterprise Project Management, 전사적 프로젝트 관리)은 기업 내에서 지속적으로 발생하는 다양한 프로젝트들을 조직의 목표에 부합하도록 체계적으로 관리하고자 하는 시스템적 접근방법으로 EPM의 대상은 일반적인 개발 및 개선 프로젝트뿐만 아니라 전략적 추진과제, 경영혁신 활동, 운영 개선, 전통적인 개발 프로젝트 등을 모두 포함한다.

EPM은 전체 조직의 경쟁력을 향상시키기 위해 필요한 변화의 요소, 즉 인력(People), 프로세스(Process), 기술(Technology)의 원활한 활용을 가능게 한다.

참고문헌

[1] Ward L., Project management term a working glossary. 2nd ed., ESI International, 2000.

[2] Bates WS., Improving project management: better project management begings with a project management office. Indust Eng 1998.

[3] Dinsmore PC., Wining in business with enterprise project management. New York, AMACOM, 1999.

[4] Chase, R. B., and Stewart, D. M., "Make Your Service Fail-Safe", Sloan Management Review, 1994.

[5] Robert A. Orwig and Linda L. Brennan, An integrated view of project and quality management for project-based organizations, International Journal of Quality & Reliability Management, 2002.

[6] Parviz F. Rad, Ginger Levin, The Advanced Project Management Office. CRC Press, 2002.

[7] Christine Xiaoyi Dai a, William G. Wells, An exploration of project management office features and their relationship to project performance, Internal Journal of Project Management, 2004.

[8] Gerard M. Hill, The Complete Project Management Office Handbook second edition, 2007.

[9] Kerzner, H., Using the Project Management Maturity Model: Strategic Planning for Project Management, 2005.

Part 2

PMO 모델과 프로세스

“오늘날 프로젝트 관리가 조직에 긍정적인 영향을 미치고 있음에는 부인할 이유가 없다. 이제는 다음 단계로 도약을 해야 할 시기이다. 지금까지는 개별 프로젝트를 어떻게 잘 관리할 것인가를 고민했지만, 이제는 좀 더 큰 목표를 향해, 통합적인 관점에서 조직의 전략에 따른 체계화된 접근법이 필요하게 되었다.”

- Mark Mullaly

Chapter 4

PMO 모델과 발전단계별 특징

1. 다양한 PMO 모델

현재 국내의 많은 기업들이 프로젝트 관리를 위해 PMO를 설립해 상설조직으로 운영하고 있다. 일부 기업에서는 총괄책임자(Director)가 있으며, 총 직원이 80명 남짓한 곳에서도 PMO를 설립하고 프로젝트 관리를 지원한다. 하지만 많은 기업들이 형식적으로는 PMO가 있지만 실질적으로 프로젝트 성공을 위한 의미 있는 PMO는 많지 않다. 이는 아마도 조직에서 PMO에 대해서 깊이 고민하지 않고, 유행처럼 급하게 만들어놓고 뭔가 해보자고 서두른 것이 원인이 아닌가 싶다. 이번 장에서는 다양한 PMO 모델을 살펴봄으로써, 현 조직에서 필요로 하고 적합한 형태가 무엇인지 파악하고, 장기적 관심에서 PMO가 나아가야 할 방향을 수립하는 데 도움을 얻고자 한다.

PMO에 대해서는 다양한 형태의 모델이 제시되어 있으며, 조직 내에서 PMO 모델을 선정 시 연간 프로젝트의 수, 조직의 규모, 내/외부 정치적 환경, 조직의 문화와 프로젝트 관리에 대한 성숙도 등을 고려해 적절한 모델을 정해야 한다.

1.1. 컨설팅 모델(Consultative Model)과 중앙 집중 모델(Centralized Model)

먼저 단순하게 두 가지 유형(Type)으로 구분하는 컨설팅 모델(Consultative Model)과 중앙 집중 모델(Centralized Model)을 살펴보면, 컨설팅 모델은 PMO가 지속적으로 프로젝트 관리자를 지원하는 역할로 기업의 지속적인 개선 계획 수립에 좋으며, 중앙 집중 모델은 PMO가 정기적으로 고위 중역들과 상호작용하면서 프로젝트를 취소하거나 우선순위를 정할 수 있는 권한을 갖고 있는 기업에서 큰 효과를 발휘할 수 있다. 일례로 뉴욕타임즈는 Y2K 추진 시에 IT 이슈 해결을 위해 중앙 집중형으로 진행, 임무 완수 후 컨설팅 모델로 전환한 사례이다. 실질적으로는 가상 PMO(Virtual PMO) 형태로 인트라넷을 통해 프로젝트 관리를 위한 가이드라인을 제공하는 역할을 한 것이다.

컨설팅 모델은 지원 모델(Supporting Model)로도 표현한다.

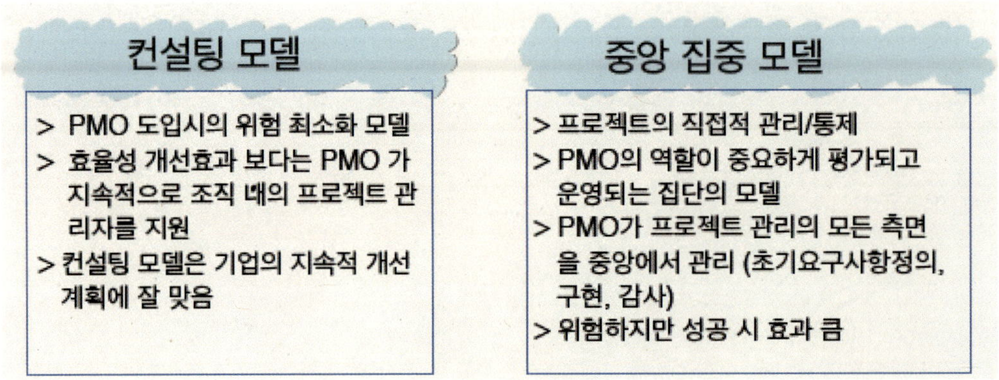

〈그림 4-1〉 컨설팅 모델과 중앙 집중 모델[1]

1.2. 마크 멀러리의 모델(Mark Mullaly's Model)

마크 멀러리(Mark Mullaly)[2]는 그의 성숙도 모델에서 PMO는 해당 기업의 프로젝트 관리 성숙도에 의해서 결정된다고 말하며, 다음과 같이 4가지 형태(Type)의 성숙도 모델을 제시했다. 이 중 Scorekeeper, Facilitator는 지원하는 형태이고, Quarterback, Perfectionist는 통제하는 형태이다.

PMO의 모델을 설명 시에 가장 많이 언급되는 대표모델로, 조직의 성숙도와 통제 수준에 따른 PMO에 대해서 잘 설명해주고 있다. 조직에서 적용 시에도 아래의 4가지 형태 중 적절한 형태를 선정해서 사용할 수 있을 것이다.

PMO .형태	설명
The Scorekeeper	프로젝트 진행의 모니터링/보고 및 프로젝트 내 수집 정보 통합 및 정보 교환
The Facilitator	전체적인 프로젝트 개선 노력 유도 및 해당 분야별 Best Practice들의 원천 제공
The Quarterback	프로젝트의 결과물이 일정을 준수하도록 모든 역량을 집중하고 PM들이 PMO에 보고하도록 하는 책임을 가지고 있는 중심점 역할
The Perfectionist	개선을 위한 모든 통제권 집중. 프로젝트 내 모든 관리 및 의사결정, 변화 관리 등을 수행

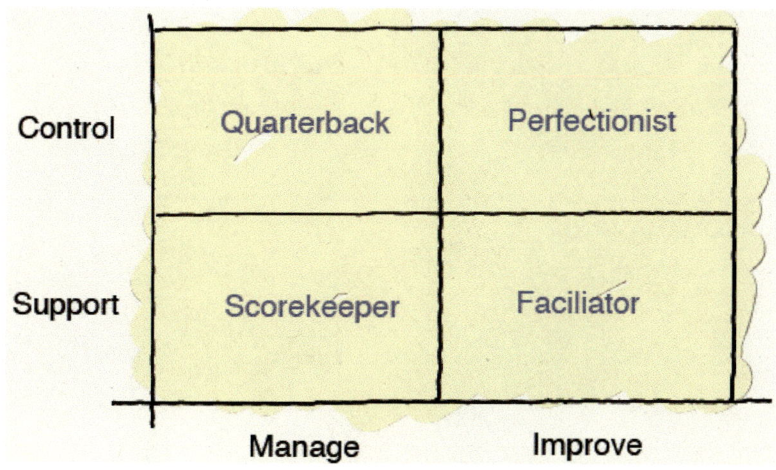

〈그림 4-2〉 마크 멀러리의 모델

첫째, Scorekeeper는 스포츠 경기의 득점 기록원처럼 프로젝트 진행의 모니터링과 보고 및 프로젝트 내 수집되는 정보들의 통합 및 정보교환의 역할을 수행한다. 정보수집이 통제(Control)를 위한 것은 아니며, 다만 기본적인 진행 현황을 모니터링해 관리의 목적으로 활용하기 위함이다. 다분히 프로젝트를 지원하기 위한 수동적인 역할이다.

둘째, Facilitator는 전체적인 프로젝트 개선을 위한 노력을 유도하고 해당 분야별 Best Practice를 제공하는 역할로, Scorekeeper보다는 좀 더 적극적으로 지원하기 위한 역할이다. 일반적으로 Facilitator에서는 프로젝트 수행결과에 대한 책임을 지지는 않는다.

셋째, Quarterback은 미식축구에서 forward와 backward 사이에 위치해서 지휘, 명령을 하는 사람으로 프로젝트 결과물이 일정을 준수하여 제공되도록 모든 역량을 집중하고, PM들이 PMO에 보고할 수 있도록 책임을 가지고 있는 조직의 형태이다. PMO가 조직 내에서 통제의 중심이 되기 위해서는 그 권한이 커야 한다.

마지막으로, Perfectionist는 개선을 위한 모든 통제권이 PMO에 집중돼 있으며, 프로젝트 내 모든 관리 및 의사결정, 변화 관리 등을 수행해 나가는 조직의 형태를 말한다. 이 정도의 권한을 가지려면 고위 임원이 그 책임을 맡는 것이 필요할 것이다.

필자의 개인 의견으로는 마크 멀러리의 모델이 참 의미 있다고 생각한다. 왜냐하면 PMO의 초점을 다양한 관점에서 모두 바라보고 있기 때문이다. 즉, 조직이 기존의 역량을 가지고 프로젝트를 잘 관리하도록 지원, 통제하는 부분과 조직이 프로젝트를 원활히 이끌기 위해 개선 방안을 제공(지원, 통제)하는 형태로 두 가지의 차원을 보여주고 있기 때문이다. 즉, Control, Support, Manage, Improve가 적절히 조화된 모습을 보여준다. 성숙한 PMO를 갖춘 조직은 이러한 다양한 관점의 PMO를 적절히 활용하는 것이 가능할 것이다.

1.3. 제라드의 모델(Gerard's Model)

Gerard 성숙도 모델[3]은 5단계 구분을 통하여 역량의 진화단계에 따른 PMO의 역할을 소개하고 있다. 이 모델은 업무역량에 따라 Project Office, Basic PMO, Standard PMO, Advanced PMO, Center of Excellence의 5단계로 구분한다.

1단계 PMO 성숙도는 'Project Office'로써 프로젝트 일정, 비용, 품질 성취에만 목표를 두는 단계이다. 이는 단위 프로젝트에 집중되어 있으며, 프로젝트 관리자에게만 주어진 역할 및 책임을 부여하는 단계라 할 수 있다. 쉽게 말하면 단순한 프로젝트 관리를 수행하는 단계라고 생각하면 된다.

2단계 PMO 성숙도는 'Basic PMO' 단계이다. 이 단계에서는 표준화된 프로젝트 관리 방법론에 따라 프로젝트 관리자와 파트타임(Part-Time) 지원 인력들이 프로젝트를 수행하게 된다. 따라서 어떤 의미에서는 본격 PMO의 시작이라고 볼 수 있다.

3단계 PMO 성숙도인 'Standard PMO'에서는 학습과 역량 개선이 주요 핵심이 된다. 다양한 프로젝트 환경에서 학습된 관리자와 해당 담당자들이 주어진 인프라를 기반으로 해 프로젝트를 수행한다. 3단계 PMO에서 조직화된 PMO 체계가 비로소 구축된다.

4단계 PMO 성숙도는 'Advanced PMO'이다. 이 단계에서는 PMO가 비즈니스 전략 목표와 통합되어 해당 프로젝트 관리에 대한 역량 및 표준화된 방법론을 적용하게 되는 단계이다. PMO Director가 주어진 프로젝트에 대한 통제 방안을 수립하고, PMO 기술 및 지원 인력을 상시 확보하고 있는 단계이다.

마지막 PMO 성숙도 단계인 'Center of Excellence' 단계에서는 전략적 비즈니스 목표 달성을 위해 비즈니스 연속성과 부서 협력을 통제 및 관리하는 단계이다. 이 단계에서는 PMO가 기업의 전략 방향성 및 미래의 비전 및 전략에 영향을 주며, 부서별로 이러한 방향성에 협력하게 되는 단계이다. 비즈니스 니즈에 따른 전략적 사업목표 수립 및 프로젝트의 연계는 최근 화두가 되고 있는 중요한 관점으로 조직 내에서 성숙한 PMO로 나아가기 위한 필수 조건이라고 할 수 있다.

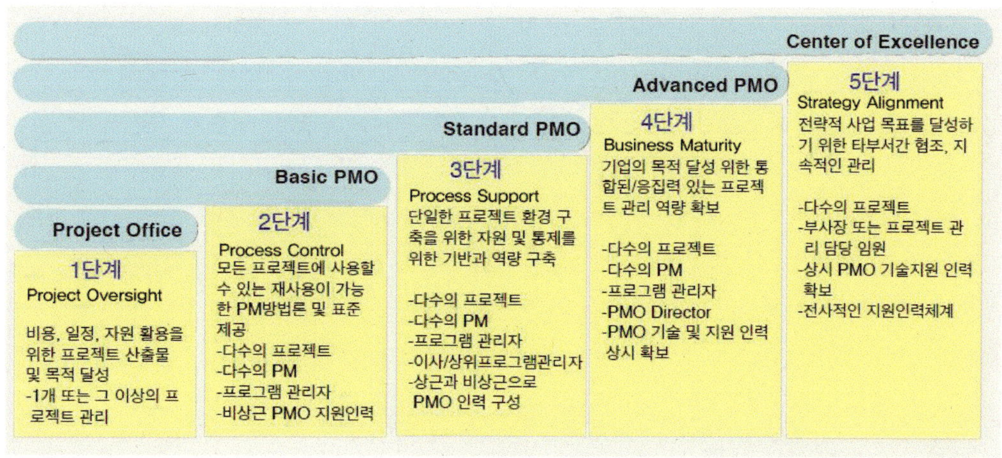

〈그림 4-3a〉 제라드의 성숙도 모델

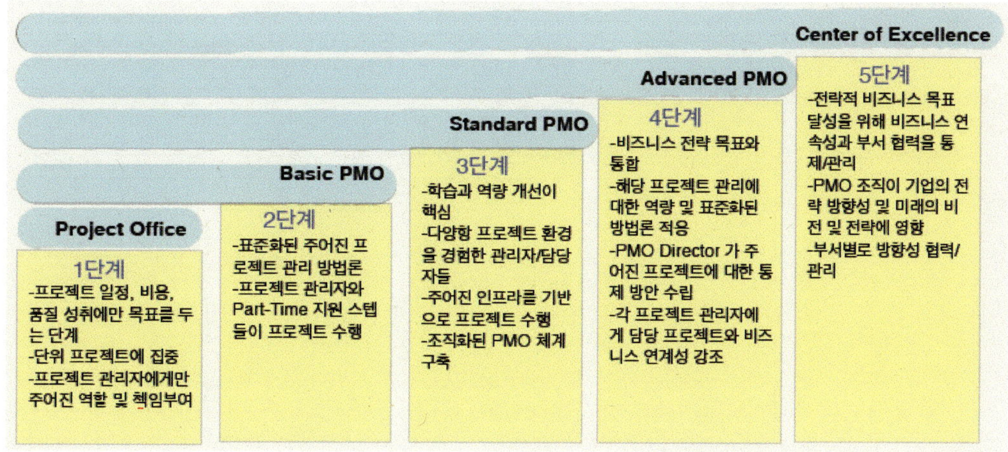

Source: Gerard, "The Complete Project Management Office Handbook" second edition, 2007

〈그림 4-3b〉 제라드의 성숙도 모델

멀러리(Mullaly) 의 모델과 비교하면 제라드(Gerard)의 1, 2단계는 Scorekeeper 에 해당된다. 또는 관점에 따라 둘과의 연관성이 낮다고 볼 수 있다. 그리고 3단계는 Facilitator와 유사하며, 4단계는 Quarterback(Scrum Half)과 비교할 수 있으며, 마지막 단계인 5단계는 Perfectionist로 볼 수 있다.

1.4. 가트너의 모델(Gartner's Model)

가트너[4]에서는 역량센터(Center of Excellence)로써, PMO를 소개하고 있다. Center of Excellence PMO 구조에서는 조직 유형에 따라서 Lite Model, Coach Model, Manager Model로 구분하고, 이를 다시 프로세스, 스킬, 프로젝트 기반위 역량으로 구분하여 종합적으로 바라보고 있다.

- **Lite(Repository) Model**: 단순히 프로젝트 방법론과 표준에 대한 정보를 제공하며 주로 분산된 비즈니스 중심의 프로젝트에 권한을 부여하거나 중앙 통제력이 약한 기업에서 발생하는 유형이다.
- **Coach Model**: PMO가 의사소통을 조정하고 프로젝트의 프로세스와 관련된 정보를 제공하고 프로젝트 관리자를 양성하고 컨설팅을 수행하는 유형이다.
- **Manager Model**: 프로젝트 오피스 내에서 직접적으로 프로젝트를 관리/감독하는 유형이다.

<그림 4-4>에서 볼 수 있듯이 조직구조의 통합, 거버넌스 측면에서 Lite(Repository) 단계에서 Manager 단계로 진행될수록 조직구조가 통합되며 강한 거버넌스 체계를 갖게 된다.

스킬 기반 역량은 일반적인 역량기반의 형태로, 전문 역량체계를 갖추도록 중앙 집중화된 구조를 만든 것을 의미한다.

프로세스 기반 역량은 핵심 IT 프로세스(변화 관리, 프로젝트 관리 등)에 대한 프로세스 통제가 가능한 구조를 의미하며, 프로젝트 기반 역량은 프로젝트를 수행하기에 최적화된 팀으로 구조화된 조직을 의미한다. 여기서 프로젝트 기반 역량은 대형 프로젝트나 프로그램을 지원한다.

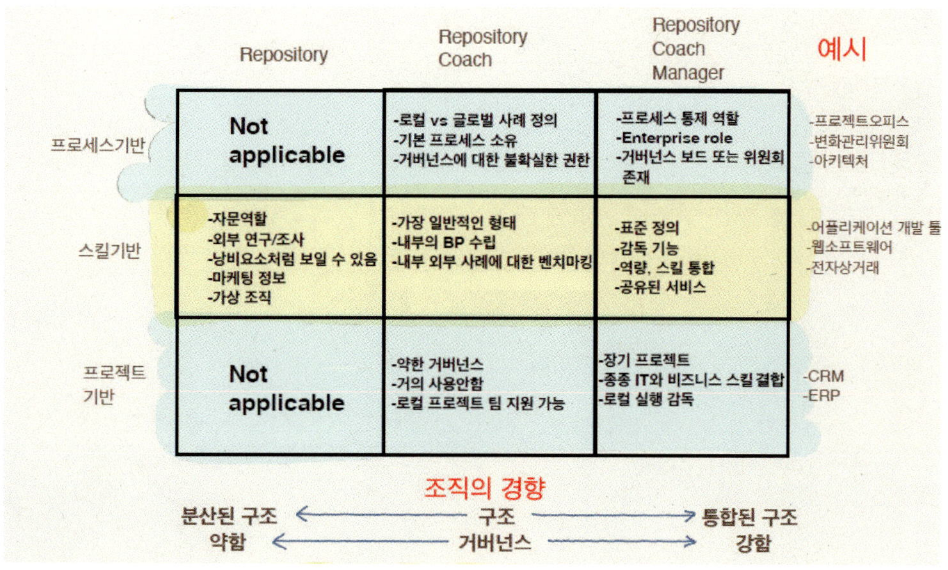

Source: Gartner, November 2005

〈그림 4-4〉 Gartner의 Center of Excellence 구조

1.4.1. Gartner의 조직구조-Lite Approach

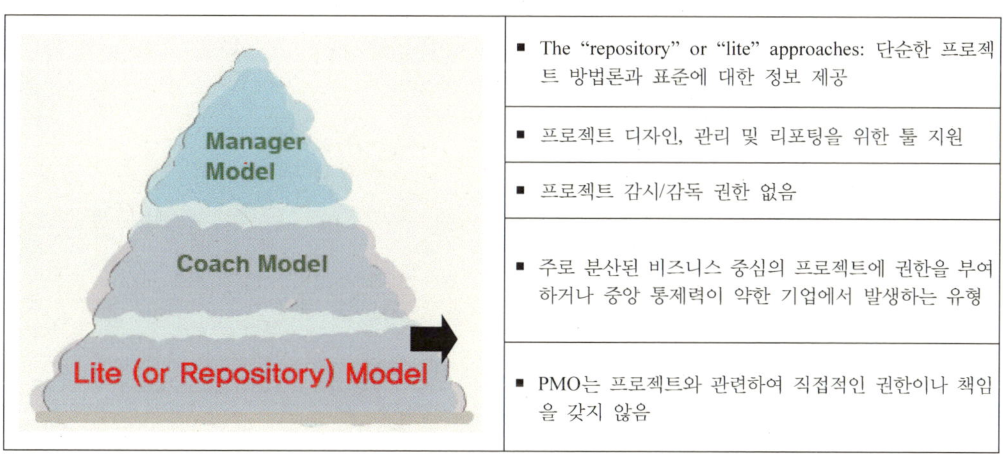

	■ The "repository" or "lite" approaches: 단순한 프로젝트 방법론과 표준에 대한 정보 제공
	■ 프로젝트 디자인, 관리 및 리포팅을 위한 툴 지원
	■ 프로젝트 감시/감독 권한 없음
	■ 주로 분산된 비즈니스 중심의 프로젝트에 권한을 부여하거나 중앙 통제력이 약한 기업에서 발생하는 유형
	■ PMO는 프로젝트와 관련하여 직접적인 권한이나 책임을 갖지 않음

〈그림 4-5〉 Lite(Repository) Model

Lite(Repository) Model은 Scorekeeper나 Gerard Model의 1, 2단계(Project oversight, Process control)에 해당된다고 볼 수 있다. 즉, 지식 관리나 재활용 데이터베이스, 이전 프로젝트, 방법론, 프로세스, 표준으로부터 과거정보의 기록 보관기능을 수행하는 것으

로 볼 수 있다.

- Gartner의 조직구조–Coach Approach

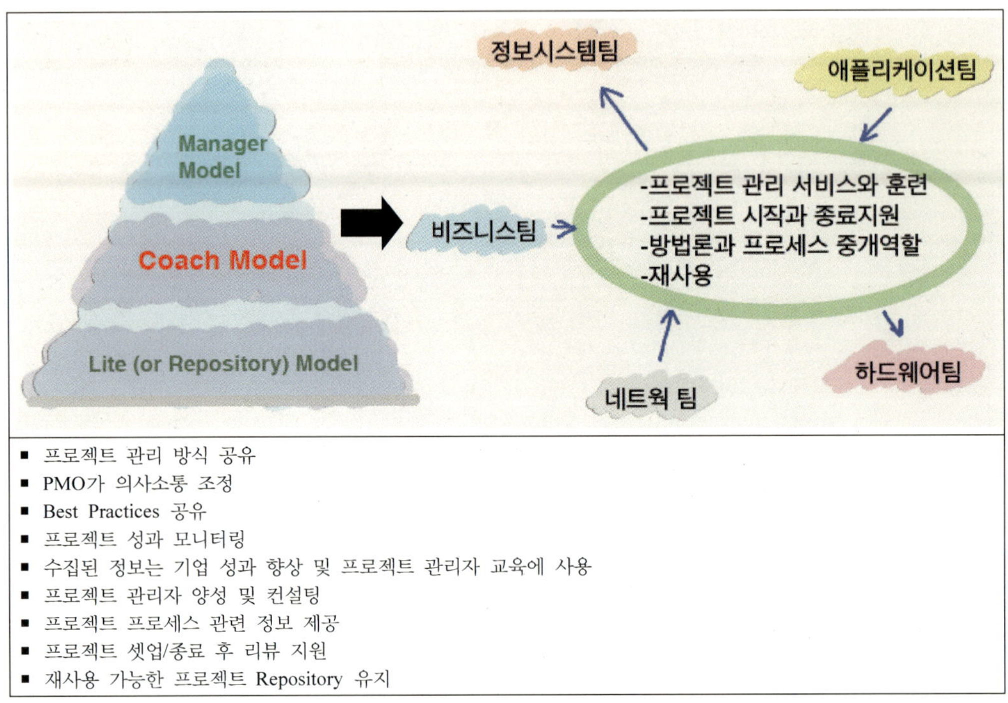

〈그림 4–6〉 Coach Model

Coach Model은 Facilitator나 Gerard Model의 3단계(Process Support)에 해당된다고 볼 수 있다.

베스트 프랙티스를 문서화하며, 프로젝트 성과를 모니터링하고 프로젝트 관리자들에 대한 멘토링을 수행한다. 그리고 PMO는 방법론을 컨트롤하고 표준(템플릿, 프로세스)을 정의하는 역할을 수행한다. 그리고 조직 내 베스트 프랙티스가 지속적으로 활용되도록 촉진하는 역할을 수행한다.

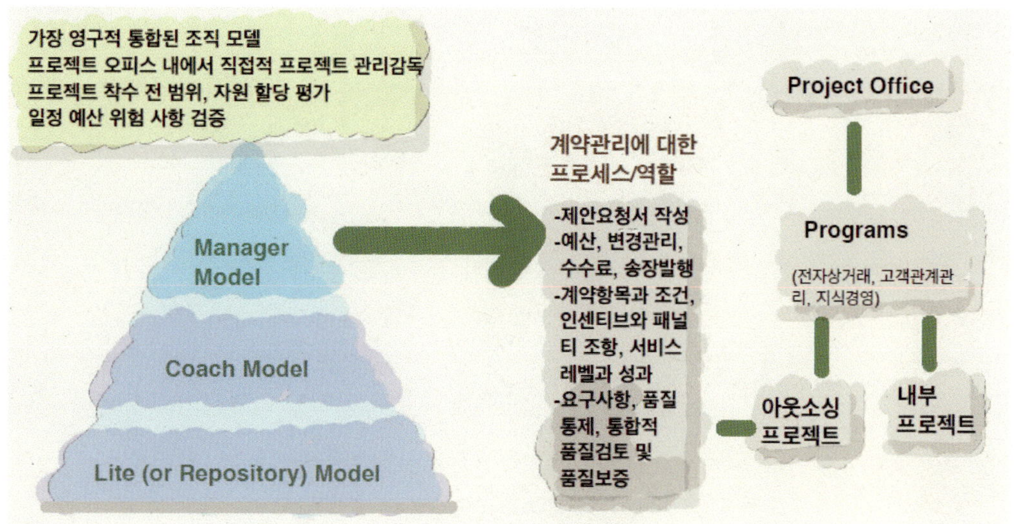

〈그림 4-7a〉 Manager Model

Manager 모델은 PMO 내에서 직접적으로 프로젝트를 관리 감독하는 유형으로, 프로젝트 전반에 대해서 제대로 수행되도록 권한을 행사하게 된다. 이러한 PMO 조직구조는 마치 계약된 프로젝트 관리자(PM)처럼 행동을 하게 되는데 단순히 통제의 역할만 수행하는 것이 아니라 프로젝트 계획수립과 적절한 리더십을 발휘해야 하는 것이다. 위의 그림에서 아웃소싱 프로젝트를 그려놓고 계약 관리에 대한 프로세스와 역할을 살펴본 것이 이러한 이유이다.

Manager Model은 전사 PMO(Enterprise PMO)를 나타내는 Model이며, 다음과 같이 조직 차원의 다양한 프로젝트, 프로그램을 총괄 관리 및 감독을 수행하는 모델이다.

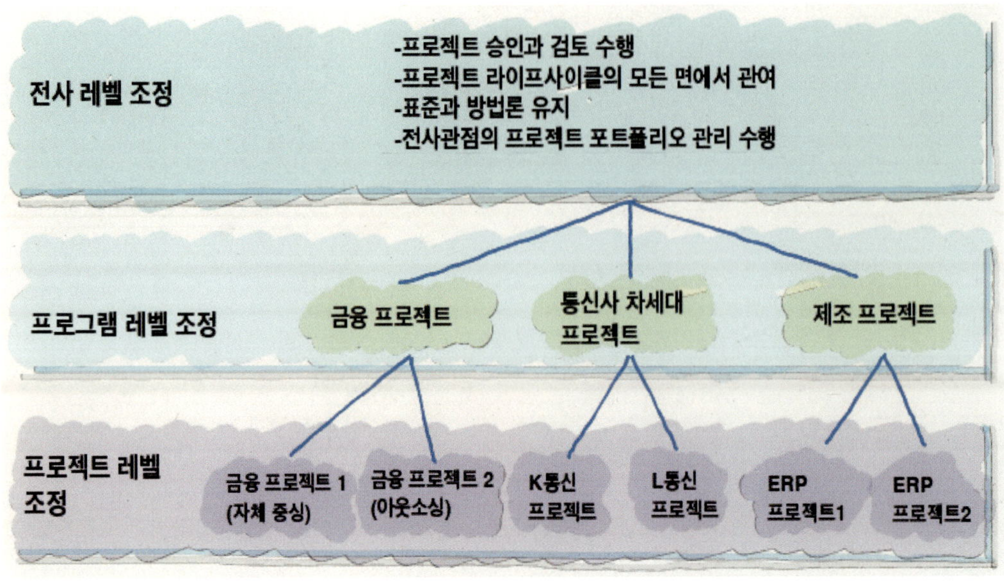

〈그림 4-7b〉 전사적 PMO 모델(Enterprise PMO)

지금까지의 모델을 총 정리하면 <그림 4-8>과 같이 설명할 수 있다. 초기 모델을 제안한 이들은 각각의 주창하는 바가 조금씩 차이가 있었지만, 큰 의미에서 바라본다면 비슷한 양상을 띠며, 얼마나 상세화를 하고 어떤 역할을 수행하는지가 조금씩 다를 뿐이다.

	컨설팅(지원) 모델		중앙 집중 모델	
Mark Mullaly's Model (Nicholson's Model)	Scorekeeper	Facilitator	Quarterback (Scrum Half)	Perfectionist
Gerard's Model	1 & 2 단계	3 단계	4 단계	5 단계
Forrester's Model			Auditor	
Gartner's Model	Lite	Coach		Manager

〈그림 4-8〉 PMO 모델 총 정리[5]

Forrester의 감사자(Auditor) 역할[6]에 대해서는 구체적인 언급을 하지 않았는데, PMO가 독립적인 감사자의 역할을 수행함으로써 프로젝트가 초기에 계획된 항해코스를 이탈하지 않도록 잘 조율하고 관리하기 위한 것이다. 이러한 감사자의 역할은 프로젝트 외부에서 프로젝트의 상태에 대해서 공정한 평가를 실시해 프로젝트가 제대로 진행되고 있는지 판단해 효과적인 자원 투입 등에 대한 의사결정을 제공할 수 있다.

지금까지 살펴본 것처럼 다양한 PMO 모델이 제시되어 있지만, 대부분의 모델에서 PMO를 도입하려고 하는 조직의 프로젝트 관리에 대한 수준에 따라서 적절한 PMO 조직을 구성할 것을 제안하고 있다. 그리고 성숙도 수준에 따른 이름 및 단계구분은 다르지만 대체로 성숙도가 낮은 단계에서는 거버넌스 역할이 약한 단순 정보 저장소 내지는 지원하는 성격에서 조직의 성숙도가 향상되고 확산의 정도가 더해지면서 점차 전사적인 관점의 전략적인 PMO의 영역인 관리, 통제 및 거버넌스가 강해지는 구조로 변화됨을 볼 수 있다.

실제로 기업 내에서 PMO를 조직할 때에는 아래의 사항에 대해서 유의를 하는 것이 필요하다.

먼저, 조직의 현재 상황과 목적에 맞는 모델을 선택하는 것이 중요하다. 그리고 조직의 규모와 문화에 적합한 통제 수준을 가져가야 할 것이다. 또한 PMO의 제공 서비스 범위에 대한 명확화가 중요한 요소이다.

한편 PMO의 모델 구조가 어떠하건 PMO의 장이 권한이 있으며, 보고라인이 경영층이 될수록 PMO가 제대로 파워를 행사할 수 있을 것이다. 또한 조직 차원의 프로젝트를 효과적으로 관리하기 위해서는 객관성을 유지할 수 있는 독립성 또한 중요한 요소라고 할 수 있다.

2. PMO의 발전단계별 특징

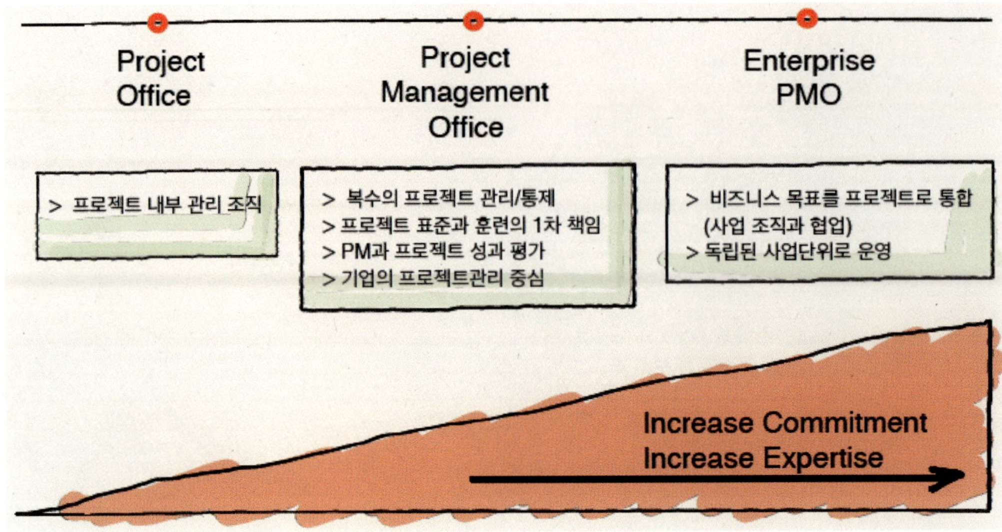

〈그림 4-9〉 PMO의 발전과정

제라드(Gerard)의 PMO 성숙도 모델에서 확인한 것처럼 PMO는 조직의 프로젝트 관리 성숙도에 따라 다른 모습을 띠게 된다. 이러한 PMO의 발전단계별 특징을 살펴보면, 초기단계에서는 프로젝트의 내부 관리조직으로써의 PO(Project Office) 형태, 다음으로 복수의 프로젝트를 관리/통제하고 프로젝트 표준을 제시하는 PMO(Project or Program Management Office) 그리고 나아가서 조직의 사업전략과 잘 연계되도록 전 부문의 프로젝트를 관리하는 Enterprise PMO에 이르는 형태로 발전된다.

이를 회사의 조직 구조에 적용하면 <그림 4-10>과 같은 프로젝트 관리 거버넌스 측면으로 이해할 수 있다.

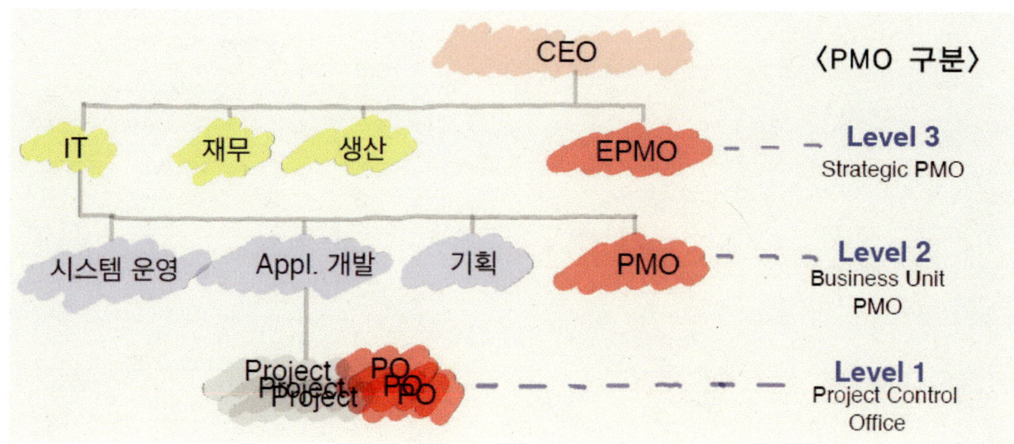

<그림 4-10> 프로젝트 관리 거버넌스 구조

규모가 있는 중견 및 대기업의 경우에는 각기 다른 형태의 프로젝트를 조정하는 여러 유형의 PMO가 존재할 수 있다. 개발 프로젝트를 관리하는 PO가 있을 수 있으며, IT 관련 다양한 프로젝트를 종합적으로 관리하는 PMO가 있고, 프로젝트 관리를 위한 표준과 프로세스, 방법론, 도구 등을 개발하고 모든 프로젝트를 조직의 전략 관점에서 체계적으로 관리하기 위한 전사 PMO 조직(EPMO)이 있다. 전사 PMO의 경우, 경영층의 관점에서 모든 프로젝트를 전략적으로 통합하게 된다. 이러한 PMO는 이전 PMO와는 달리, 다음과 같은 특징을 갖고 있다.

- 기업의 경영목표 달성을 위해 다수 프로젝트로 구성된 프로그램 및 포트폴리오 관리를 위한 상시적 조직 구조를 갖는다.
- 관리계층의 중간에 위치해 단기목표 지향적 프로젝트와 기업의 장기적 사업목표 간 상하 조율 및 감독하는 기능을 갖는다.
- 기능적 이슈보다는 기업 전체에 대한 전략적 이슈를 다루는 데 집중한다.

지금까지 살펴본 PMO의 모델과 발전단계별 특징을 살펴보면 PMO는 조직의 역량 및 성숙도에 따라서 점진적으로 발전하게 된다. 조직의 인력구조나 프로젝트 관리에 대한 성숙도가 낮으며, 내부 문화 측면에서 강력한 PMO를 기대할 수 없는 상황에서 무리하게 전략적 PMO 또는 전사 관점의 PMO를 구성하는 것은 PMO가 뿌리내리기 힘들게 한다.

만일 차세대 프로젝트와 같은 대형 프로젝트가 진행되면, 많은 경우 외부 전문가를 소싱하게 되는데 이때의 PMO의 역할은 대규모 프로젝트의 성공적 수행을 위한 관리지원 및 통제의 역할을 한시적으로 수행하는 역할로 규정할 수 있을 것이다. 하지만 이러한 경우에도 프로젝트가 진행되면서 PMO의 역할은 달라질 수 있다.

〈표 4-2〉 프로젝트 단계별 PMO 역할 변화

프로젝트 단계	PMO 역할 변화
초기	초기 단계에서는 프로젝트 전체의 방향설정이나 수행업무의 범위 등을 결정해야 할 일이 많고 업무에 대한 체계적인 관리를 위해 관리 중심으로 PMO 구성
중기1	일정 시기가 지난 후에는 원활한 업무 추진을 위한 다양한 경험과 지식이 필요하므로 이를 위한 적절한 지원 및 코칭 필요
중기2	또다시 일정 시기가 지난 후에는 계획대로 진행되도록 모니터링과 통제가 필요하므로 상시 관리 체제로 변화 필요
중기3	프로젝트 진행이 어렵고 갈등이 많이 발생 시에는 다양한 이해관계에서 올바른 의사 결정이 이뤄질 수 있도록 적절히 지원하는 형태로 전환

물론 외부 전문가를 통한 PMO의 경우에도 큰 프로젝트 수행 이후에, 조직의 체계를 갖추어서 부서레벨의 PMO 또는 전사 차원의 PMO 형태로 전환할 수 있다. 금융권의 차세대 프로젝트에서는 외부 주도의 고객지원 PMO의 형태로 시작되어서 일부에서는 전사 차원의 PMO와 같은 상시 조직으로 전환된 경우도 있다.

그리고 조직 내에서는 하나 이상의 PMO가 존재할 수 있다. 즉, 부서레벨 PMO와 전사적 PMO 둘 다 존재할 수 있다. 예를 들어, 정보시스템 조직을 위해서 부서레벨 PMO가 지원을 하고, 조직의 전략적 이슈를 해결하기 위해서 전사적 PMO를 둘 수 있다.

그뿐만 아니라 다국적 기업의 경우에는 세계 도처에 지역(Regional) PMO를 두고, 전체를 총괄하는 중앙의(Centralized) PMO가 네트워크를 통해서 관리하기도 한다.

참고문헌

[1] http://www.cio.com/article/2441862/project-management/why-you-need-a-project-management-office-pmo-.html

[2] MARK E. MULLALY, Building the Effective PMO.

[3] Gerard M. Hill, The Complete Project Management Office Handbook second edition, 2007.

[4] Project Management Office: The IT Control Tower, Gartner, 2005.

[5] Hohaeng Cho, PMO 모델에 대한 연구, KPMA, 2010.

[6] Forrester, Project Audits And The PMO, 2004.

Chapter 5

PMO 프로세스

1. PMO 프로세스 구성 요소

이제는 PMO 프로세스를 살펴보자. 만일 기업 내 상설화된 형태의 PMO를 원한다면 조직의 규모, 프로젝트 상황을 고려해 적절한 프로세스를 고민해야 하며, 특정 프로젝트 수행을 위한 PMO라면 해당 프로젝트의 규모와 복잡성, 이해 관계자의 영향력, 조직의 문화를 고려해 PMO 프로세스를 만들어야 한다. 즉, 기본적인 프로세스는 있으나 정형화된 형태는 해당 조직에서 직접 만들어야 한다. PMO가 구성되면, PMO의 초기 역할 가운데 하나가 표준 프로세스를 만드는 것이 될 것이다.

PMO는 프로세스를 개선하고 프로세스 사용자에게 도움이 되는 것이 무엇인지 항상 확인해야 한다. 이것은 방법론 개발팀의 책임에 포함될 수 있다.

프로세스 개발을 위해서 먼저 프로젝트 수명주기에 따른 단계별 주요 활동들에 대해서 살펴보기로 한다.

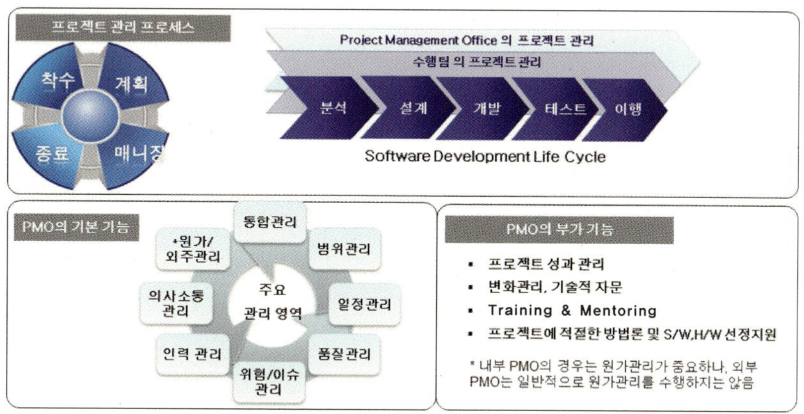

〈그림 5-1〉 PMO 구성 요소

프로젝트 관리의 수명주기를 단순화하면 다음과 같이 4단계로 정의할 수 있다.

- 프로젝트 착수(Project initiation)
- 프로젝트 계획(Project planning)
- 프로젝트 매니징(Project managing)
- 프로젝트 종료(Project closure)

이 간단한 수명주기 모델로 대부분의 조직에서 활용 가능한 프로젝트 관리의 주요 프로세스를 설명할 수 있다. 그러나 실제 다양한 산업 및 기술 분야에는 이보다 상세하게 프로젝트 관리 수명주기를 설정해야 하는 경우도 있다.

PMO의 프로젝트 관리에 대한 프로세스는 PMBOK의 프로젝트 관리에 대한 기본 프로세스인 착수, 계획, 매니징(실행 & 통제), 종료 프로세스를 근간으로 하되 수행조직의 프로젝트 관리가 잘 이뤄질 수 있도록 지원하고 감시하는 구조이다.

PMO의 기본 관리영역은 <그림 5-1>과 같으며, 만일 외부 전문가에 의한 PMO일 경우는 일반적으로 PMO에 의한 원가(예산)관리를 수행하지 않는다.

부가적으로 변화 관리, 기술적인 자문, 훈련 및 멘토링 그리고 프로젝트에 적절한 방법론 검토 및 S/W, H/W 선정을 지원할 수 있다.

2. PMO 프레임워크

이제 PMO 조직이 프로젝트 착수 전 발주사(고객)에서 프로젝트 전문 조직을 외부 소싱(Sourcing)할 경우를 가정해 PMO 프레임워크를 구성해보자. PMO는 전 사업 영역에 걸쳐 많은 이해관계자와 복잡한 관계를 갖게 되므로 프로젝트의 주요 활동을 고려해 프로세스 체계를 수립하는 것이 필요하다.

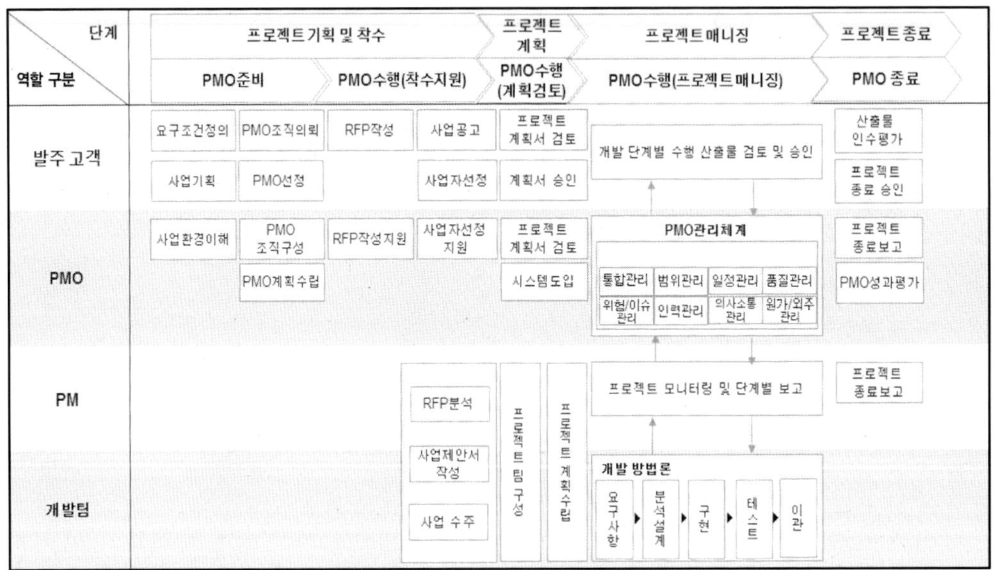

〈그림 5-2〉 PMO 프레임워크

3. PMO 단계별 주요 활동

프로젝트 기획 및 착수, 계획, 매니징, 종료 각 단계에 따라 PMO의 주요 활동과 상세 활동 내용을 다음과 같이 정의할 수 있다.

〈표 5-1〉 PMO 단계별 주요 활동

PMO 단계	주요 활동	상세 활동
PMO 준비	· 사업환경 이해 및 분석 · PMO 계획 수립 · PMO 조직구성	· 사업 정보 수집 및 분석 · 사업 계획서 검토 · PMO 임명, 팀원충원, 팀 구성 · 목표, 비전 및 접근전략 수립 · PMO KPI 정의 · PMO 업무 범위 및 역할 확정 · 팀원 역할 및 책임 정의 · 프로젝트 요건 정의
PMO 수행(착수지원)	· RFP 작성 지원 · 사업자 선정 지원	· 상세 RFP 작성 · 사업공고문 작성 지원 · 프로젝트 기본 SOW 작성
PMO 수행(계획검토)	· 프로젝트 계획서 검토 · 시스템 도입	· 프로젝트 계획서 검토 · PM 프로세스 개발 · PMS 툴 선정 분석 및 도입 · 프로젝트 데이터베이스 구성 · 각종 프로젝트 템플릿 준비
PMO 수행(프로젝트매니징)	· PMO 프로젝트 관리	· 통합 관리 수행 · 범위 관리 수행 · 일정 관리 수행 · 품질 관리 수행 · 위험/이슈 관리 수행 · 인력 관리 수행 · 의사소통 관리 수행 · 원가/외주 관리 수행
PMO 종료	· 프로젝트 종료 보고 · PMO 성과평가	· 프로젝트 지식 및 교훈 정리 · PMO KPI 기준 평가 결과보고

3.1. PMO 준비

3.1.1. 사업 환경 이해 및 분석

PMO는 사업 전반의 정보와 지식을 프로젝트 초기에 습득해야 한다. 이를 위해 모든 진행 중인 프로젝트 정보를 수집하고 분석해야 한다. 수집할 주요 정보는 다음과 같다.

· 프로젝트명, 프로젝트 범위 및 개요

· 전략연계(사업부, 프로그램, 포트폴리오, 전략 등)

· 프로젝트 유형

· 프로젝트 인력정보(PM, 스폰서, 프로젝트팀)

- 요청자 및 내부 우선순위
- 날짜(프로젝트 전체 마일스톤)
- 재무정보(예산, 비용, ROI, 승인된 변경사항)
- 심각한 이슈(프로젝트 예산 초과, 미확인된 범위, 이해관계자 정치 관계 등)

일단 프로젝트 정보가 수집되면, 잠재적인 이슈와 기회요소들을 분석해야 한다. 그리고 향후 추이와 비교 분석을 위해 현재 상황을 기록해 둬야 한다.

일반적으로 프로젝트들은 비즈니스의 목적과 일치하지 않는 면이 많으며, 대부분의 프로젝트에서는 공통적인 프로젝트의 이슈가 있다. 그리고 프로젝트의 특정 속성은 제때에 파악하기 어렵고, 프로젝트의 비용과 추정에는 보통 이슈가 있기 마련이다.

국내 차세대 프로젝트와 같이 외부 전문가를 통한 PMO 구현 시, 이 단계는 보통 다음과 같이 진행된다. 개별 프로젝트에 대한 현황과 PMO 요구사항을 파악한 후, 내부 협의 및 평가를 통해 PMO 셋업(Set up)을 위한 운영방향을 도출한다.

구체적으로는 먼저 프로젝트 현황조사를 실시하는데 PMO 대상이 되는 개별 프로젝트 내용, 추진주체, 관리 방법론 등에 대한 현황자료를 수집하고 프로젝트 목록 파악 및 개별 프로젝트 관리자와의 인터뷰, 회사 전략 및 PMO 관련 자료를 수집하고 분석한다.

현행 관리수준 분석은 PMO 구성 요소별 관리수준 데이터를 수집 및 분석하여 관리수준을 평가한다. 그리고 CIO 및 관련 임원 인터뷰와 PMO 구성 요소별 요구사항을 분석한다. 이후 타 우수사례 혹은 표준적 관리수준을 비교하고 내부 협의를 통해 PMO 활동준비를 위한 시사점을 도출한다. IT 프로젝트의 경우 표준적인 관리수준을 정하기 위해 소프트웨어 프로세스 수준을 측정하고 개선하는 규범모델로 널리 알려진 CMM을 활용할 수 있다. CMM이 CMMi로 통합되었지만 SW에 대해서는 범용적인 CMMi보다는 SW CMM으로 시작된 초기 CMM의 적용을 권장하기도 한다.

3.1.2. PMO 조직 구성

프로젝트 준비 단계에서 PMO 팀 조직을 구성하고 역할과 책임을 정하게 된다. PMO 팀원들의 역할과 책임, 그리고 PMO 요원을 어떻게 조직화하는가는 PMO 유형과 조직의 예산 및 정책 등에 따라 달라질 수 있다.

프로젝트 적용 대상과 도입 목적에 따라 PMO 조직구성 유형은 다음과 같이 여러 유형을 고려할 수 있다.

〈표 5-2〉 PMO 조직구성 유형

PMO 유형	적용대상 도메인	도입 목적	주요 내용
내부자원 활용중심 (In-sourcing)	대기업(SI, 임베디드, 솔루션 사업 등)	PMO의 필요성을 공감하여 자체 인력 중심으로 일부 업무에 PMO를 도입	ERP 등의 대규모 프로젝트 진행 시 필요한 방향성 검토 사업 투자 중복 관리 검토
내부 자원+PMO 전문업체 (Co-sourcing)	금융권(차세대 프로젝트 등)	금융권 프로젝트의 경우 타 업종의 전사 프로젝트에 비해 많은 비용 소요 및 위험요소가 높으므로 외부 전문가 집단에 대한 의존도 높음	외부 전문기업에 프로젝트 관리 위탁으로 프로젝트 통제 컨설팅 업체의 축적된 역량과 Know-how 공유 적극적인 프로젝트 사업 관리 수행 프로젝트 우선순위 결정 지원
내부 자원+외부 프로젝트 관리자 (Co-sourcing)	기타	자체 인력과 컨설팅사의 프로젝트 관리자 등으로 구성되어 외부전문가의 진단 및 조언 반영	사업 중간 점검 및 검토 일정, 범위, 이슈 관리에 대한 적절한 조언 및 정기회의 보고

3.1.3. PMO 계획 수립

PMO의 목적과 목표를 인식하고 주요 업무 범위를 정한다. 그리고 목표하는 성숙도 수준을 결정한다. PMO가 제공해야 하는 주요 서비스를 정의하고 성공적인 수행을 관리하기 위한 성공 기준 및 측정 지표를 선정한다.

PMO 계획을 수립하는 시점은 프로젝트의 정황과 PMO 투입 시점에 따라 달라질 수 있다. 일반적으로 PMO는 프로젝트 팀보다 먼저 투입되어 조직을 구성하고 프로젝트의 전반적인 방향성과 기준을 수립해 나간다. 필요에 따라 사전에 프로젝트의 위험을 식별하여 비상 계획 방안을 수립할 수도 있다. 이 외에 PMO 계획서를 작성하는 데 들어가는 항목은 다음과 같다.

- 프로젝트 개요 및 기타 주요 정보
- 프로젝트 성공 요소 및 성과지표
- PMO 조직기능 및 역할(운영 방법 포함)
- PMO 관리항목 및 수행 지침(관리 절차 포함)
- PMO 수행 과업내역 및 범위
- 프로젝트 비상 계획(Contingency Plan)

3.1.4. PMO 계획수립(관리항목 상세)

① 프로젝트 방법론과 표준 정의

프로젝트 수행을 위한 주요 방법론과 표준을 정의한다. 여기에는 PMO가 훈련을 제공하거나 코칭, 멘토링, 툴과 템플릿을 제공하기 위한 프로젝트 수행 방법론을 포함한다[예: IT 프로젝트를 위한 애자일 방법론; 신상품 개발을 위한 스테이지-게이트 방법론(Stage-Gate); 프로세스 개선을 위한 6시그마(Six Sigma)/DMAIC 그리고 린(Lean) 방법론 등이다].

여기에는 프로젝트와 연관된 다양한 개념과 이슈, 위험(Risk), 변경(변화)과 트리거 이벤트뿐만 아니라 문제 해결, 커뮤니케이션, 에스컬레이션(Escalation)과 같은 관련된 활동을 위한 표준 프로세스도 포함된다.

② 프로젝트 관리를 위한 방법 및 절차 설계

범위, 일정(진척), 이슈, 위험, 통합 관리 등 서비스 영역별 수행방법 및 템플릿(Template)을 정의하고 구체적인 관리계획을 수립한다.

프로젝트 범위 관리: PMO는 업무범위의 명확한 기준(Baseline) 설정을 지원하고, 지속적인 요건에 대한 모니터링을 수행해 이슈 발생 시 의사결정조직의 신속한 결정을 유도하도록 해야 한다.

프로젝트 일정(진척) 관리: 여러 프로젝트가 동시에 진행되는 프로그램의 경우 비용과 인적 자원의 제약을 많이 받게 된다. 이때 각각의 프로젝트들이 정해진 일정에 따라 진행될 수 있도록, 일정 관리 계획을 수립한다. 그리고 프로젝트가 진행되면서 초기의 계획과 비교, 검토하여 프로그램의 전반적인 상황을 파악하기 위해 주기적으로 현황을 점검하기 위한 계획을 수립한다.

프로젝트 이슈 관리: 프로젝트를 진행하는 동안에 예상하지 못했던 중대한 이슈가 발생할 경우, 비용과 일정에 많은 영향을 끼칠 수 있다. 프로젝트 구성원에 의해 제기된 이슈는 적절한 프로세스(이슈 관리 툴 활용 등)를 활용해 관리될 수 있도록 준비한다.

프로젝트 위험 관리: 프로젝트에서 향후에 이슈가 발생되어 일정 금액을 초과하거나 기간이 길거나 많은 투입자원이 요구되는 경우에 위험 관리를 통해 프로젝트 개시 전 위험을 파악하고 관리 방안을 수립해야 한다.

통합 관리: 통합 관점에서 프로젝트가 제대로 잘 진행되고 있는지 파악할 수 있어야
한다. 특별히 차세대 프로젝트와 같은 대규모 IT 프로젝트에서는 비즈니스와 IT 전반에
대한 통합 관점의 관리가 매우 중요하다.

3.2. PMO 수행(프로젝트 착수 지원)

3.2.1. RFP 작성 및 사업자 선정 지원

RFP 작성 단계에서 PMO는 고객의 요구사항 및 프로젝트 성공 요소를 고려하여 관리
적인 요소와 기술적인 요소에 대한 구체적인 정보를 제공하고 필요에 따라 가이드를 제
시해야 한다. 또한 사업자들이 명확하고 실제적인 제안을 할 수 있도록 제안서 작성 지
침 또는 목차를 제공하기도 한다.

RFP 작성 완료 후 사업자 선정을 위해 공식적으로 사업공고를 한다. 이후 사업자가
RFP를 기반으로 본 사업의 제안서를 작성하여 제출하고, 검토 단계를 거치는 데 이때
PMO는 고객사와 함께 사업자 선정을 위해 다음과 같은 지원을 수행한다.

- 우선협상대상자의 제안내용 전반에 대한 검토
- 우선협상대상자가 제안한 내용을 대상으로 협상 실시
- 우선협상대상자와 협상을 통해 그 내용의 일부 조정
- 협상 완료 후, 상호간 분쟁이 발생하지 않도록 문서화 진행

3.3. PMO 수행(프로젝트 계획수립 검토)

3.3.1. 프로젝트 계획서 검토

사업자가 사업수행계획서를 작성 후, 제출한 사업수행계획서를 검토하고 계약서의 요
구사항이 모두 반영되었는지 확인한다. 만일 사업수행 내용의 변경이 필요할 시에는 사
업자와 공동으로 검토를 거쳐 사업수행계획서를 수정하고 발주기관에 승인을 요청한다.

검토 시에는 다음과 같은 사항들이 중요하다.

- 과업내용서와의 일치성
- 추가협상 또는 기술협상 수용내용 반영 여부
- 투입 인력 관리 방안(인원 변동 시 대응 방안)
- 품질 및 위험 관리계획의 적절성
- 프로젝트 단계별 성과 관리 방안의 적정성
- 계약서의 요구사항에 부합하는 결과물을 생성하기 위한 구체적인 방안 명시 여부
- 프로젝트 적용 방법론 및 표준 계획의 적정성

3.3.2. 시스템 도입

시스템 도입은 초기 프로젝트 범위와 PMO 조직의 규모에 따라 달라진다.

PMO 조직이나 프로젝트 중심의 조직에서는 당연히 적절한 프로젝트 관리 시스템(툴)이 구비돼야 한다.

적절한 시스템은 엑셀을 사용하거나 프로젝트 및 포트폴리오 관리시스템을 사용할 수도 있다. 시스템에 대한 요구사항은 PMO가 제공하는 서비스와 관련되어 있다. 예를 들어, 우리가 원하는 서비스가 전략과의 일치를 파악한다거나 자원 활용, 프로젝트 실행의 일관성, 모범사례 공유 및 협업, 통합 교육 관리 및 프로젝트 추적[예: 현황정보, 이슈, 위험(Risk), 일정, 시간 추적]을 원하고 프로젝트, 프로그램, 포트폴리오 통계를 제공해야 한다면 이러한 서비스를 쉽게 할 수 있는 시스템(툴)을 찾아야 한다.

국내 차세대 프로젝트에서 B은행의 프로젝트 관리 시스템(툴)은 문서 작성과 설계서 내용의 일치, 업무 요건 결정 회의의 진행, 변경 관리, 변화 관리, 품질 관리, 진척 관리 외에 심지어 회의실 관리까지 포괄했다. 한마디로 프로젝트 개발에 관련된 모든 정보를 이 시스템(툴)에 담아 관리했던 것이다. 이를 통해 업무 진행을 체계화하는 한편 각 업무 담당자가 도중에 그만두거나 업무가 변경돼도 후임자가 해당 업무의 과거 이력을 쉽게 이해할 수 있도록 했다. 이를 통해 시스템 개발 과정의 변경 사항을 전체 개발 업무에 차질 없이 적용하고, 새로운 원칙을 개발 직원들에게 홍보하는 일도 쉬워졌다. 또 이러한 관리 시스템(툴)을 적용하면 시스템 오픈 이후의 유지 보수도 편리해진다. 이 시스템 관리자를 별도로 둘 정도로 B은행 차세대 프로젝트에서 이 시스템의 역할은 중요했다.

B은행은 또 각 팀장이 참여하는 PM 회의에서도 별도 회의록을 작성하지 못하도록 했다. 팀장이 5분 정도 회의 내용을 타이핑해 관리 시스템에 반영하는 것으로 끝내고 문서

작성에 따른 중복작업을 없앤 것이다. 이와 같이 효율적인 시스템 사용은 문서 작성에 많은 노력을 기울이지 않으면서도 실질적인 품질을 확보할 수 있는 좋은 도구가 된다.

3.4. PMO 수행

PMO의 프로젝트 관리 영역은 <그림 5-3>과 같이 PMBOK에서 제시하는 기본적인 관리 영역을 그대로 가져갈 수도 있고, 고객사가 희망하는 주요 관리 영역을 맡을 수도 있다. PMO는 동시에 진행되는 다수의 프로젝트를 균형적으로 관리하기 위해서 프로젝트에 대한 통합 관리를 필요로 하며, 프로젝트의 주요 사안에 대해 신속한 의사결정을 지원하기 위한 다양한 관리 노력이 필요하다.

<표 5-3> PMO 구성 요소

PMO 프로젝트 관리 영역	
통합 관리	프로젝트 전체 관리영역을 효과적으로 통제 관리하기 위한 거버넌스(Governance) 지원 체계를 수립함
범위 관리	고객의 요구사항과 프로젝트 계획상의 사업 범위가 일치하는지 검증하고, 변경 발생 시 적절한 변경 관리 프로세스를 통한 이해관계를 중재함
일정 관리	프로젝트 계획 대비 실적 상황을 모니터링하고, 차이가 생길 경우 Gap 분석을 통한 조치 관리 체계(또는 Action Plan)를 수립함
품질 관리	고객의 Business Requirement를 충족하는 프로젝트 산출물의 품질 관리 체계를 수립함
위험/이슈 관리	프로젝트의 주요 위험 및 발생되는 이슈상황들을 식별-분석-조치계획수립-기록하여 관련 이해관계자들에게 알리고 사후 조치 활동에 대해 모니터링함
인력 관리	수시로 프로젝트 예상 가용 자원과 실제 소요 자원의 차이를 식별하고 적재적소에 최적의 인적 자원을 투입할 수 있도록 시스템을 구축 및 지원함
의사소통 관리	프로젝트의 모든 이해관계자를 면밀히 분석 후 의사소통 계획을 수립하며, 적절한 보고 및 회의체를 수립하여 효과적인 의사결정체계를 지원함
원가/외주 관리	주어진 예산 내 업무 수행이 원활히 수행되는지 점검하며 다양한 협력사가 계약 조항에 따른 서비스 공급 및 기술 지원을 제공하도록 관리함

3.4.1. 통합 관리

통합 관리는 추진 과제와 목표중심의 통합적 프로젝트 관리 체계를 갖추는 것으로, 대규모 프로젝트(또는 프로그램)에서는 많은 이해관계자가 참여하고, 다수의 프로젝트가 동시에 진행되며, 최신의 기술과 솔루션을 적용해야 하므로 통합적 관점에서 프로젝트 진행에 대한 모니터링과 관리가 너무나 중요하다. 구체적으로는 일정, 범위, 의사소통, 위험 및 이슈, 성과 등에 대한 통합 관리가 필요하고, 프로젝트가 목표한 대로 제대로 가고 있는지를 통합적인 관점에서 볼 수 있어야 한다.

만일 내부 전사 관점의 PMO라면 프로젝트 타당성에 대한 검토 또한 중요한 영역이다. 따라서 모든 프로젝트는 검토되어 타당성이 입증된 프로젝트만 진행되어야 한다. 그리고 현재 진행 중인 프로젝트를 주기적으로 검토해 더 이상 존속의 의미가 없을 시에 통합 관리 차원에서 프로젝트를 중단시킬 수 있어야 한다.

하지만 일반적으로는 컨설팅사 주도의 외부 PMO 관리영역에서는 통합 관리가 누락될 경우가 많다. 왜냐하면 외부 PMO는 전사적 관점에서 전체 프로젝트를 통합 관리하기 위한 적절한 역량을 갖추지 못했기 때문이다. 즉, 비즈니스와 IT 전반에 대한 폭넓은 식견이 있어야 한다. 실제로 많은 차세대 프로젝트에서는 사업에 대한 특성이나 조직구조의 깊은 이해 없이 프로젝트 관리가 이뤄지기 때문에 성공적으로 수행하기가 어렵다.

3.4.2. 범위 관리

범위 관리는 프로젝트팀에서 정의된 각 프로젝트의 범위를 검토 및 확정하고 범위 변경 시 영향 요소를 파악 및 관리하며, 프로젝트 수행 중 발생하는 신규 요건 등에 대해 각 프로젝트팀 간 수행범위 및 역할을 통합 및 조정해 프로젝트의 성공적인 구현을 보장하기 위한 것이다.

이를 위해 수행사업자의 업무범위를 검토하고 프로젝트 범위에 대한 이슈발생 시, 이해관계자 간 적절한 의사소통 채널을 통해 관리해 나가는 것이 중요하다. 모든 프로젝트는 프로젝트 수행과정 중의 범위 변경을 필연적으로 수반하게 된다. 이러한 범위 관련 사항에 대한 불충분한 관리체계는 프로젝트 수행의 상당한 문제점을 야기할 수 있다.

그러므로 변경 관리 계획 수립 시 사용자 요구사항에 부합하는 것을 보장하고, 효과적인 범위 관리를 수행하기 위한 문서화, 분석, 승인 및 의사소통에 관한 표준 관리절차를 정립하는 노력이 필요하다.

그리고 정확하고 효과적인 요구사항 관리를 위해 PMO는 요구사항 관리의 수준, 요구사항 관리 프로세스, 수행 조직에 관한 권고안을 작성해야 한다. 명확한 범위선정 및 변경 관리를 통해서 프로젝트 일정 준수에 기여할 수 있으며, 범위구분을 통해 프로젝트 간/프로젝트 내 구성원의 R&R을 명확화할 수 있다.

3.4.3. 일정 관리

일정 관리는 주어진 납기 내에 성공적인 프로젝트 수행을 위해 프로젝트의 일정계획을 수립하고 진척현황 파악 및 일정 변경 시 대응 방안을 마련하기 위한 것이다. 소프트웨어 개발은 눈에 보이지 않는 무형의 산출물로 변동 가능성 및 예측의 어려움이 상대적으로 높은 활동이다. 그러므로 프로젝트 초기에 구체적인 수행 일정 및 관리조직의 검증이 필수적이다.

일정 관리를 위해 프로젝트별로 작성된 WBS의 타당성을 검토하고 적절한 피드백 및 보고활동을 수행하며, 프로젝트별 WBS를 취합해 PMO에서 관리할 통합 WBS를 작성하고 일정 및 진척도 보고 주기 및 방법, 적절한 통제 및 보고 방안을 수립한다. 그리고 주기적으로 프로그램 진척현황을 모니터링하고 일정변경요인에 대한 영향도를 분석하고 실제 일정 조정에 관여한다. 이러한 활동을 통해 주어진 납기 내의 품질기준을 충족하는 프로젝트 결과를 얻고자 하는 것이다.

〈표 5-4〉 일정 관리 활동

프로세스	설명
일정 관리계획 검토	- 초기 일정계획의 적정성 평가를 통해 사업 관리기준 마련 - 작업별 소요 공수, 복잡도, 수행순서, 상호 의존성, 자원 가용성, 제약조건 등 식별 - 단계별 작업, 작업별 활동에 필요한 일정 및 자원 정의 검토 - 작업에 필요한 일정과 자원 할당 및 작업이 갖는 상대적 중요도 평가
일정진척 관리	- 사업실행에 따른 공정 진척현황 및 경과 모니터링 - 공정 진척 현황을 발주기관에 주기적으로 보고하기 위한 프로세스 정립 - 프로젝트 전체 일정, 각 세부 공정의 완료 여부 확인 - 지연된 공정, 단계, 부문 등에 대한 식별 및 원인 평가
일정변경 통제	- 프로젝트 공정추가, 변경 및 삭제에 따른 일정 변경 필요성 분석 - 일정변경에 따른 영향평가의 적정성 확인 - 변경일정의 활동 및 수행기간이 적절한지 검토

3.4.4. 품질 관리

PMO는 프로젝트에서 사용하는 프로세스 및 산출물을 대상으로 품질 요건을 충족시키기 위한 활동을 수행하며, 각 산출물 및 품질 활동에 대한 품질 검증을 통해 사업 목적과의 부합성을 검토하고 품질 이슈를 보고하기 위한 활동을 수행하여 사업 성공의 가능성을 제고한다. 품질활동의 구체적인 내용을 살펴보면 다음과 같다.

- 산출물의 비즈니스 요구사항과의 부합 여부 검토
- 품질 목표 및 관리체계 수립, 프로젝트 이해 관계자들 간의 품질목표 공유
- 프로젝트 관련자의 품질 요구사항, 품질 조직 및 역할, 품질 관리 활동계획 및 보고 절차 등 프로젝트 품질 관리 계획이 사업 추진전략과 부합되는지 확인
- 총괄 테스트 계획과 단계별 테스트 계획이 목표 시스템의 기능 및 비기능 요구사항을 만족하는지 검증하기에 충분한지 검토
- 단계별 테스트 시행 결과에 대한 검증 실시
- 필요 시 감리 계획에 대한 검토

프로젝트에서 품질을 확보하기 위해서는 분석/설계/개발/테스트 단계별 산출물에 대하여 사업자와 PMO의 합동 검토를 통해 산출물의 품질 향상 및 효과적인 산출물 생성을 지원해야 하지만 프로젝트 수행의 전 과정에 대한 상시적인 모니터링을 실시해 품질 저하의 위험을 최소화하는 노력이 필요하다. 즉, 특정 단계 외에도 주기적인 관리체계가 필요한 것이다.

3.4.5. 위험 및 이슈 관리

위험 및 이슈관리는 사업의 성공적인 완수에 부정적인 영향을 미칠 수 있는 요소들을 사전에 파악하고 평가 프로세스를 체계적으로 확립하고 관리하는 것으로, 이미 발생한 이슈(문제)에 대하여 프로젝트의 피해를 최소화하기 위한 방안을 수립하는 활동 또한 중요하다.

식별된 위험에 대해 대응계획이 적절히 수립되고 적용되고 있는지 판단하고, 내/외부적 이유로 인해 지속적으로 변경될 수 있으므로 위험항목을 계속 추적하고 모니터링하여 위험을 통제한다. 그리고 위험 관리대장(위험 관리로그: 위험 ID, 위험 항목명, 내용, 평가등급, 대응 방안요약, 담당자)에 위험사항을 등록하며 대응계획이 적용됨에 따라 지속적으로 상태 추적 관리(Tracking) 한다.

프로젝트의 위험과 이슈는 다른 것이지만 관리적인 측면에서는 유사성이 있어, 실제 업무에서는 위험 및 이슈 관리로 통합해 관리하는 경우가 많다. 이슈는 실제로 문제가 발생된 것으로 위험이 현실화가 된 것이다. 이러한 문제가 발생했을 때 어떤 식으로 대응할 것인지 구체적인 방안이 마련돼 있어야 한다. 발생된 이슈에 대해 어떠한 보고체계

로 이슈를 해결해 나갈 것인지 등을 명확히 해 두어야 한다. 예를 들어, 개발팀의 현재 생산성이 낮아 일정이 지연되고 있으면, 이 자체가 이슈가 되며 전체 프로젝트 일정을 고려 시 지연될 위험이 있다고 판단되면 PMO는 해당 이슈(위험)를 이해관계자에게 설명해야 하며, 현재 생산성을 기반으로 산출물 작업 등의 전체적인 업무계획을 고려해 프로젝트 일정을 현실화 및 구체화할 필요가 있다.

3.4.6. 인력 관리

PMO는 단계별 투입 인력의 운영 계획 및 구성원의 경력 적정성을 검토해야 하고, 프로젝트 전체 일정에 맞춰 각 업무영역별 인력의 적정 투입/배치 여부를 확인해야 한다.

인력투입 계획안에 인력 관리방안이 실제 적용 가능한 수준으로 계획되었는지, 변경사항 발생 시 그 책임 소재를 명확히 하였는지 중심으로 검토한다. 그리고 투입 인력에게 프로젝트 보안사항을 주지시켰는지 여부 및 보안각서에 대한 수집 또한 확인해야 한다.

PMO는 프로젝트 수행 시 발생할 수 있는 다양한 사안에 대해서 인력 관리 기본원칙을 정하여 인력 변동이 있을 때 적절한 대처 방안을 마련해야 한다. 즉, 투입 인력이 적절하지 않다고 판단될 경우에는 필요에 따라 인력 교체를 요청할 수 있다. 이 외에도 일정문제 발생 시 해결 방안으로 인력 투입 조정의 필요 여부를 검토할 수 있다.

3.4.7. 의사소통 관리

PMO는 프로젝트 수행과정 전반에서 발생할 수 있는 프로젝트 이해관계자들 간의 의사소통채널을 효율적으로 관리하고, 상호간의 요구사항을 명확히 전달 및 추적, 관리될 수 있도록 프로젝트 전 과정에 걸쳐 정기적으로 관리한다. 의사소통 관리의 목적은 프로젝트 참여 주체 및 이해 관계자 간의 효과적이며 효율적인 의사소통 체계 및 프로세스를 정립하기 위한 것이다.

PMO는 프로젝트 관련자 간의 프로젝트 수행 시 발생하는 모든 문제의 공유와 해결, 프로젝트이해관계 조정과 의사소통을 위한 보고절차, 질의응답 절차, 회의 운영 방안, 방침 전달 절차 등 의사소통을 관리할 수 있는 체계가 수립되었는지 검토한다. 그리고 의사소통계획의 실행상태를 지속적으로 모니터링하고 주기적인 점검을 진행한다.

3.4.8. 원가/외주 관리

프로젝트가 주어진 예산 내에서 진행될 수 있도록 관리해야 하며, 프로젝트 수행사 외에 다양한 협력사(3rd Party 또는 외주사)들이 업무 수행을 잘하는지 관리가 필요하며, 특별히 기술 지원 이슈 등의 문제에 대해 즉각적인 대응이 이뤄질 수 있도록 해야 한다.

필요에 따라 공식적인 공문 등 문서의 발송을 통해 이슈사항을 해결해야 한다.

예를 들어, 특정 단위 프로젝트나 업무를 담당하는 협력사가 있다면 이 협력사가 담당하는 프로젝트나 단위 업무에 문제가 생겼을 경우, 일차적인 책임은 담당 업체에서 관리할 수 있도록 해야 하는 것이다. 하지만 프로젝트에서 외주 그 자체가 많은 위험을 안고 있기에 쉽게 문제가 해결되지는 않는다. 따라서 가능하면 초기 선정과정에서 특별한 주의가 필요하다.

3.5. PMO 종료

3.5.1. 프로젝트 종료 보고

수행사업자가 계약서상의 요구사항을 충족했다고 판단해 발주기관에 사업내용에 대한 검사를 요청하면 발주기관은 사업내용확인 및 산출물에 대한 인수 계획을 작성해 검사 및 인수를 실시한다.

마찬가지로 PMO 사업자가 계약서상의 요구사항을 충족했다고 판단 시 발주기관은 PMO의 프로젝트 추진 활동에 대한 검수를 실시한다. 이 과정이 마무리되면 실질적으로 PMO 업무가 종료되는 것이다.

PMO 수행사업자는 발주기관과 협의해, 프로젝트 수행과 관련해 종료보고서를 작성하고 관련 보고회를 개최한다.

3.5.2. PMO 성과 평가

PMO는 프로젝트 업무 특성을 감안해 성과 관리를 위한 지표를 선정해야 하고 프로젝트가 진행되면서 성과측정 결과를 제시해야 한다. 사업성과에 대한 주기적인 보고를 통해 프로젝트의 진행 상황을 점검할 수 있고, 이해관계자의 협조를 확보할 수 있다.

이와 더불어 PMO의 업무 성과에 대한 평가 또한 중요하다. 즉, PMO가 프로젝트 목표달성에 얼마나 기여했는지 확인해야 한다.

PMO가 프로젝트 목표달성에 얼마나 기여했는지 전체의 통합 관리를 실질적으로 지원하고 주어진 납기와 예산 내에서 프로젝트가 마무리될 수 있도록 기여했는지 보는 것이다.

참고문헌

[1] 정보화사업 PMO 운영 관리 매뉴얼, NIA, 2011.
[2] PMI, PMBOK 4th edition, 2008.

Part 3

PMO 사례와 활용 방안

"노력의 대가는 절대 보답 없이 사라지지 않는다."

- 작자 미상

Chapter 6

PMO 성공 사례

1. PMO 사례(국내)

국내에서 PMO 도입은 업종별로 조금씩은 다른 모습을 보여준다. 금융권은 주로 외국계 컨설팅 업체를 활용한 외부 PMO(External PMO)의 성격이 강하고 제조 분야의 기업들은 자체 인력을 중심으로 내부 PMO(Internal PMO)를 운영하는 경우가 많다. 금융권 차세대시스템 구축의 경우 다른 업종에 비해 많은 비용이 소요되고 위험요소가 높기 때문에 외부 전문가 집단에 대한 의존도가 높았다.

현재 국내 주요 기업들의 PMO 도입 방식은 인력구성을 기준으로 할 경우 크게 세 가지로 구분된다. 자체 인력과 프로젝트 수행 업체가 참여하는 방식, 자체 인력과 PMO 전문컨설팅사가 참여하는 방식, 자체 인력이 중심이 된 방식으로 나눠진다. 이제 국내의 몇 가지 사례를 살펴보기로 한다.

1.1. A사 사례(외부+내부 PMO)

① 개요

A사는 글로벌 은행이 되기 위해 창립 이래 최대 규모의 전산 프로젝트를 진행했으며, 전행 차원의 프로젝트 발족을 통해 프로젝트가 추진되었다. A사는 체계적인 프로젝트 관리체제를 구축하여 프로젝트의 성공적 추진을 지원하는 조직이 필요해 PMO를 통해 이러한 문제를 해결하고자 했다.

② A사 프로젝트 조직도

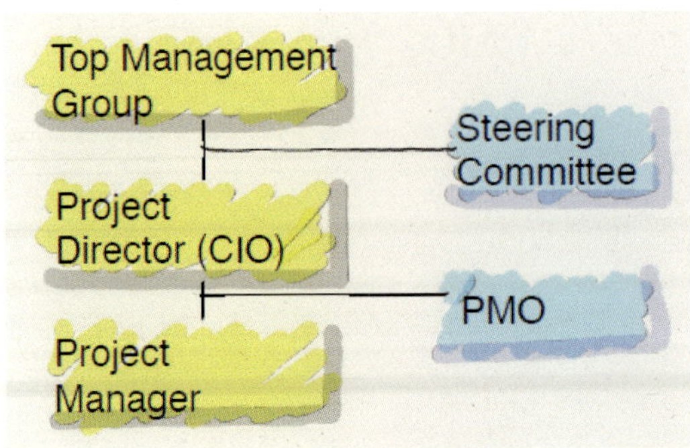

〈그림 6-1〉 A사 PMO 조직구조

③ A사 PMO 주요 기능

- PMO는 초기에 상위 기관으로서 각 부문에 발생하는 이슈 및 의사소통을 조정하고 통제하는 업무를 수행해 프로젝트 관리를 위한 기초를 확립함.
- 프로젝트 통제활동을 위해 필요한 회의체계, 보고체계, 품질 관리체계 등을 지휘 통제할 수 있는 최상위 조직으로 해당 업무를 조율하고 통제함.
- 프로젝트 평가 항목 정의 및 관리에 있어서는 PMO 관점에서 일정지연, 품질수준, 인력수준 등을 정의하고 관리함.
- 일정 관리의 경우 완료 유무에 대한 기준을 PMO에서 준비해 각 개발 파트에 홍보하고 상호 합의하에 일정 준수 유무를 관리함.
- 프로젝트 진행에 따른 진척률은 프로젝트 관리시스템(PMS: Project Management System)을 활용해, 체계적인 프로젝트 진행과정을 평가함.
- 개발자와 담당 프로젝트 리더, 그리고 개발사 품질 담당자와 협의해 산출물 관리 기준을 선정함.
- 고객 관계 관리 측면에서 현업의 참여를 유도하기 위한 위원회를 설치하여 운영함.
- 현업, 즉 비전산 분야의 임원과 부서장들의 적극적인 참여를 유도하기 위해서 정기적인 보고활동을 수행함.
- 차세대 업무성과 측면에서 투자성과 측정을 수행하고 이를 토대로 프로젝트 진행함.
- PMO 품질 담당자가 현업을 적극적으로 찾아가 설득하고, 개발자들의 인터뷰 기술 향상을 위해 노력함.

④ A사 PMO 관리 수준

- PMO는 프로젝트 추진단계에 따라 각각의 역할과 책임이 변화해감.
- 초기에는 하부 조직과 주변 조직으로부터 저항이 존재했기 때문에 단순 프로젝트 관리에 치중하고 그 외 영역에 대해서 크게 간섭하지 않음.
- 방법론 표준화, 관리 도구 표준화, 지식 관리 중심으로 역할의 초점이 맞춰짐.
- 프로젝트 중기에는 이슈가 많이 발생돼 프로젝트 조직을 좀 더 잘 통제할 수 있도록 역량 있는 팀장을 선택함으로써 요구되는 역할 확대 및 위상이 상승됨.
- 최종적으로는 프로젝트 종료시점에서 PMO 조직이 공식적으로 프로젝트 관리에 대한 권한 및 책임을 전적으로 맡게 되어 프로젝트 관리 세부영역부터 전반적인 중요 의사결정에 이르기까지 책임과 권한을 갖게 됨.
- A사는 빅뱅(Big Bang)식으로 프로젝트를 추진하여, PMO 조직에 좀 더 힘을 실어 주기 위한 통제구조가 가능했음.

⑤ A사 PMO 성과

<표 6-1> A사 PMO 성과

성과 항목	성과 상세
일정조정	■ 프로젝트 지연사유 발생 시 적절한 대응으로 이해관계자를 통한 계획변경 등의 조정을 원활히 이끌어 냄
품질향상	■ 사용자 참여를 통해 단계별 산출물을 체계적으로 검토해 품질을 향상시킴 ■ PMO의 중재로 기초검토부터 최종검토까지 총 4단계의 체계적 검토수행
사용자 참여	■ 프로젝트 이해관계자를 최고 의사결정기구에 참여시켜 프로젝트 성공을 위한 전폭적 지원 유도

⑥ A사 PMO의 교훈사항

- 초기에는 현업이 배제되거나 소극적인 참여로 품질이 다소 떨어졌고, 업무와의 연계성 또한 부족했으나 PMO의 노력으로 사용자의 적극적인 참여를 유도한 것이 프로젝트를 성공적으로 마무리한 주요 계기가 됨.

1.2. B사 사례(수행업체+내부 PMO)

① B사 프로젝트 개요

국내 대형 은행으로 DW, CRM 등 관련 프로젝트의 원활한 연계를 위해 전사적 프로젝트 통합 관리가 필요해 차세대 프로젝트가 추진되었으며, 시스템의 전면적 개편과 관련하여 PMO를 통해 전사적 관리체계를 수립했다.

당초 B사는 한차례 차세대 프로젝트를 추진했지만 시스템 가동을 불과 2개월여 앞둔 시점에 결함이 발견돼 프로젝트를 완전히 백지화시켜야 했던 아픈 과거가 있었다.

물론 프로젝트의 백지화 배경에는 새로운 형태의 금융그룹이 출범하면서 은행의 비즈니스 모델이 급격하게 바뀌었고, 이를 반영하기 위해 불가피하게 기존 프로젝트를 포기할 수밖에 없었던 현실적인 이유도 있었다.

일정 기간이 지난 후 다시 차세대 프로젝트를 시작한 B사는 이 같은 과거의 실패를 교훈 삼아 국내 은행권에서는 처음으로 MPMO*(복합 프로젝트 관리 오피스) 제도를 도입했다. 또 프로젝트 산출물이 나올 때마다 이를 확인하고 현업의 요구사항을 즉시 반영하는 등 변화 관리에 총력을 기울였다.

*MPMO: Multiple Projects Management Office

② B사 프로젝트 조직도

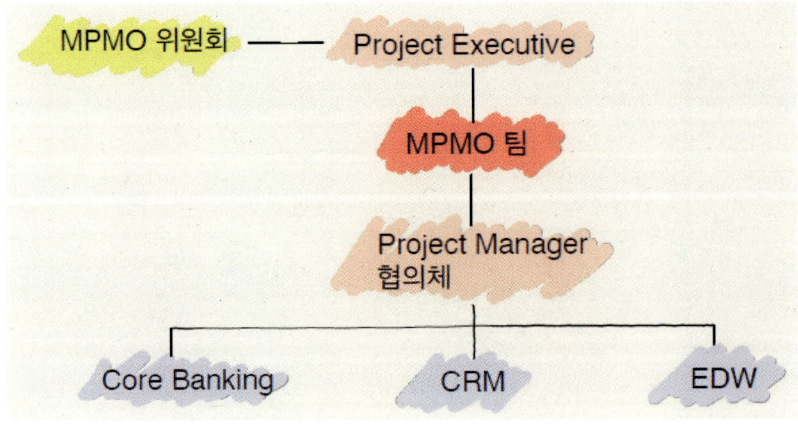

〈그림 6-2〉 B사 PMO 조직구조

③ B사 주요 기능

- 전행적인 관점의 프로젝트 통합 관리 역할과 조정자 역할
- MPMO는 복수의 프로젝트를 추진하면서 프로젝트 상호간의 이해가 엇갈린 부분을 조정하여 통합하고 원활하게 빅뱅으로 이행하기 위한 총괄 조정 조직
- 프로젝트 통제구조 확립, 평가항목 정의 및 관리, 장비 및 설비 지원업무 수행
- 프로젝트 관리자에 대한 멘토 및 계획 수립 지원과 프로젝트 감리 활동
- 프로젝트 관리 업무/기술 지원 업무가 많은 비중 차지(아키텍처 방안 수립, EAI 도입 방안, 시스템 용량 산정, 전사통합 데이터 이행 관리 등)

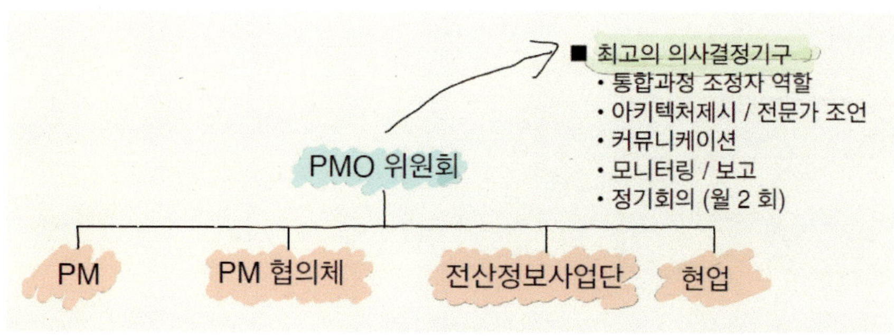

〈그림 6-3〉 B사 PMO의 프로젝트 통제 구조

④ B사 PMO 관리 수준

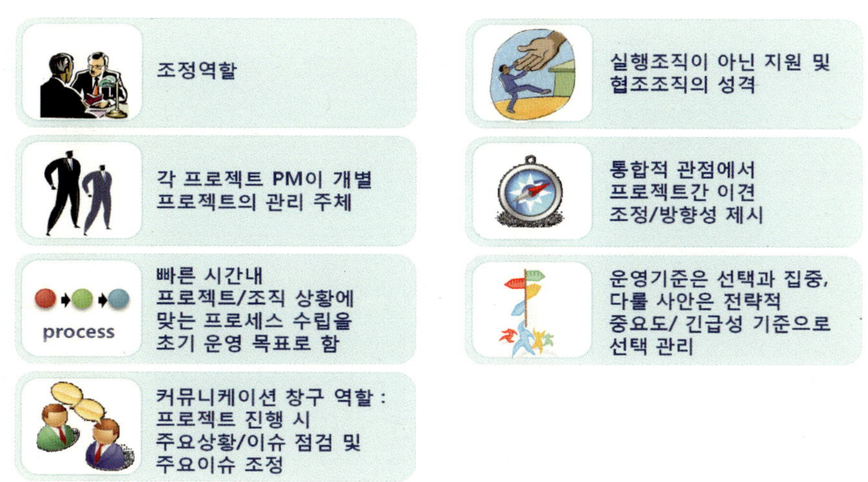

〈그림 6-4〉 B사 PMO 관리 수준

⑤ B사 PMO 성과

〈표 6–2〉 B사 PMO 성과

성과 항목	성과 상세
일정계획 준수	캘린더 형식의 월별 일정 관리, 연계 Task의 도출 및 선/후행 Task 진척 관리 주간/월간 진척 보고, 이슈 발생 시 협의 및 조정 역할의 업무를 차별적으로 수행함
EA(Enterprise Architecture) 구축	사용자 참여와 프로젝트 산출물의 질을 향상시키기 위해 EA 구축 이를 통해 프로젝트 진행 중에 개발 산출물을 검토하는 기준으로 삼음
만족도 향상	반복적 테스트 수행으로 사용자와 이해관계자의 만족도 향상과 안전한 시스템 이행을 이룸
효율적/효과적 관리	철저히 프로젝트 위험 관리 중심으로 업무를 수행하고, 개발 전문가 집단으로서의 역량 발휘 프로젝트 일정 준수, 사용자 만족도 및 품질의 만족도를 이루어냄

1.3. C사 사례(내부 PMO)

① C사 개요

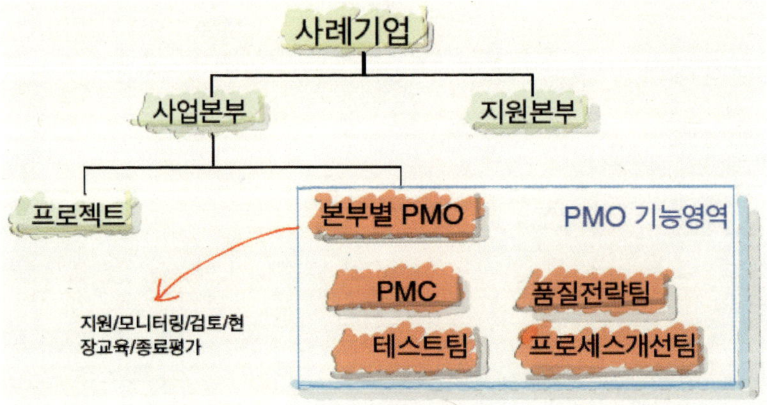

〈그림 6–5〉 C사 PMO 조직구조

② C사 PMO의 주요 기능

<표 6-3> C사 PMO 주요 기능

PMO 주요 기능	기능 상세
프로젝트 관리 정책과 전략 수립	사내의 프로젝트 관리에 대한 기본 규정과 제도를 입안하고 프로젝트 현장까지 정확하게 그 배경과 목적이 전달될 수 있도록 다양한 수단과 방법을 활용함 전사적 경영목표와 전략을 사업본부 및 현장의 프로젝트 조직까지 일관성 있게 추적 관리하기 위하여 OSA(Objectives & Strategy Agreement)라는 목표 관리 기법을 사용하고, 연 단위 목표수립과 분기별 성과측정을 함
표준 프로세스 개발 및 유지	전사적 품질 체계하에서 회사 내 모든 프로세스를 정의하며, PMO는 프로젝트 관리 프로세스를 개발하고, 성공 사례를 선발하며, 프로젝트수행 이력과 교훈 사항을 유지하고 전파하여 향후 좀 더 개선된 프로젝트 관리가 이루어지도록 프로세스를 지속적으로 갱신하고 관리함 프로젝트 관리 방법론을 실질적인 방법론으로 전환하기 위해 방법론 개발과 더불어 이를 뒷받침해 줄 수 있도록 최고 경영층의 지원을 받아내고, 방법론에 따른 실행과 감독을 제도화하여 수행함
교육 및 훈련	프로젝트 관리에 대한 교육과정 개발/실행 프로젝트 관리의 기본 지식과 프로젝트 관리자의 자질을 배양함 사내 프로젝트 관리자의 자격 인증제도를 도입하여 교육훈련 사항과 현장의 경험 및 수행성과, 그리고 보수교육 과정을 통하여 지속적으로 훈련을 쌓을 수 있도록 유도함
컨설팅	PMO는 영업 단계의 시장 개척 및 고객 발굴 측면에서도 기여함 프로젝트 관리에 대한 여러 가지 자문역할을 통하여 회사의 프로젝트 관리 및 품질에 대한 핵심역량을 고객에게 효과적으로 전달할 수 있으며, 프로젝트 수행 전에 성공에 대한 신뢰감을 줄 수 있음 사업수주 단계에서는 프로젝트 수주를 위한 제안서 작성에 대한 검토를 수행함 프로젝트 착수 시 조기에 프로젝트 환경과 수행 계획이 수립될 수 있도록 전문적인 관리 기법 및 도구 활용에 대한 자문 역할을 수행함 PMO 컨설턴트는 프로젝트 현장에서 프로젝트 상황에 따라 가장 효과적으로 효율적인 프로젝트 관리지식을 프로젝트 관리자 및 팀, 심지어는 고객에게까지 전수함
프로젝트 지원	프로젝트의 규모와 복잡도에 따라 1~2명의 전문가를 프로젝트 현장에 한시적으로 파견, 직접 프로젝트 관리에 대한 서비스 제공 프로젝트 범위에 따른 상세 작업정의, 사내의 표준 방법론에 기초한 WBS 조정, 스케줄링, 프로젝트 계획서 개발, 프로젝트 진척 관리 메커니즘 수립 등 전사적 PMS를 개발/운영해 관리 효율성 증대함

③ C사 PMO 도입 효과

- 기업의 프로젝트 관리자 개인에 대한 높은 의존도로 인한 위험요소 완화
- 회사나 조직 차원에서 적정 수준의 프로젝트 수행 역량 유지
- 프로젝트 수행을 통하여 얻은 소중한 경험과 지식을 조직 차원으로 승화
- 프로젝트 현장 상호간, 조직과 프로젝트 현장 간 지식 순환
- 프로젝트 관리의 PM 의존도 축소
- 전사적 프로젝트 관리 정책 및 이행 체계에 따른 안정적 프로젝트 수행

- 체계적 프로젝트 경험과 지식을 재활용하여 프로세스의 지속적 개선 기반 확립
- 회사의 경영목표 vs 프로젝트의 성과 연관도 높음
- 경영층 관심도 증가로 정책 일관성 유지

1.4. D사 사례(내부+외부 PMO)

① D사 개요

D사 프로젝트는 ERP, CRM과 같은 시스템과 통합 연계되는 프로젝트로 기존 Legacy 시스템을 전면 교체해 새로운 플랫폼, 새로운 운영 프로세스를 적용하여 비효율적인 업무를 감소시키고 비즈니스 가치를 극대화하는 것을 목표로 한 프로젝트였다.

프로젝트 개발 단계는 요구사항 분석, 설계 및 구현, 테스트, 안정화로 4단계로 구분되었으며, 총 14개월간의 기간으로 계획을 잡았다. 이 중 개발 기간은 설계기간을 포함하여 7개월, 테스트 기간은 안정화 단계를 포함하여 총 7개월로 설정되었다.

프로젝트 착수 전 IT 컨설팅의 전문가 자문을 통해 총예산에 대한 분석을 한 결과 1,000억 수준의 예산이 필요하다는 진단을 받았으나, 상용 도구를 최소화하고 오픈소스 도구를 활용하는 방법으로 예산을 줄여 초기 예산의 반 정도로 진행되었다.

대규모 프로젝트의 특성상 다양한 하도급 계약 업체들의 이해관계가 복잡했는데, 특히나 서비스 요청처리 시스템의 경우 외국계 회사의 솔루션이 도입되어 외국인과 원활한 의사소통이 요구됐다.

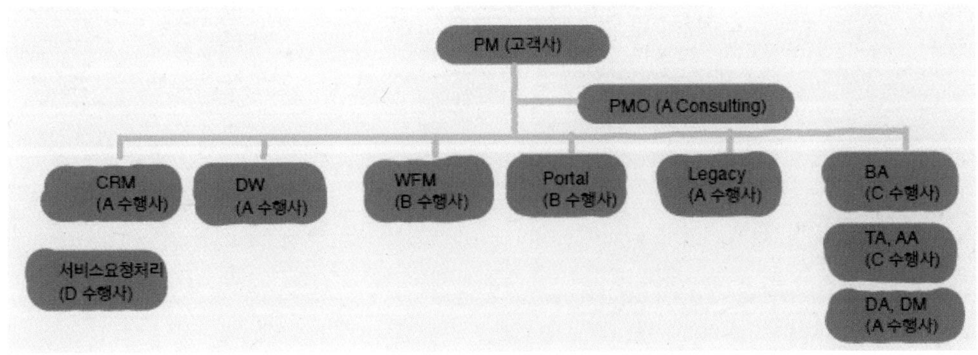

〈그림 6-6〉 프로젝트 조직도

② PMO 역할

D사 PMO는 고객과 수행업체 간 중간자적 역할에 많은 기여를 했다. 발주자 입장에서 개발, 테스트 관련 산출물이 계획에 따라 요구된 수준에 맞춰 적시에 배포되고 고객에게 이관되는지를 점검하며, 품질 수준을 검증하는 QAO 역할도 담당했다. 이와 더불어 수행업체의 입장에서는 인력 관리, 이슈 관리, 일정 관리, 교육 훈련 등을 수행해 개발 업체들이 프로젝트를 원활히 수행할 수 있도록 지원하는 역할을 담당했다. 또한, 개발 방법론에 대한 조언과 전체 개발 프로세스를 정의하는 데 참여하여 각종 템플릿 및 보고서를 작성해 배포하기도 했다.

③ 프로젝트 이슈 및 해결 방안

이슈 1. 부족한 예산

본 프로젝트는 많은 전문가들이 우려했듯이 적절한 예산 집행이 이뤄지지 않았다. 최고 의사결정권자들의 일방적인 예산 삭감으로 프로젝트 요구사항을 맞추기가 어려웠다. 이와 같은 부족한 예산으로 여러 가지 좋지 않은 결과가 초래됐다.

첫째, 일정에 대한 압박이다. 총 6개의 시스템을 전면 개편하는 데 있어 사전준비 및 충분한 협의를 진행할 시간이 줄어들게 됐고, 이는 이해관계자들 간의 갈등을 낳았다.

둘째, 적절한 인력 채용의 어려움이다. 제한된 예산으로 해당 도메인에 특화된 고급인력을 채용하는 데 어려움이 있어, 초급 인력들을 많이 투입하게 됐다. 단가는 맞출 수 있었지만 초급 인력들이 생산성을 발휘하기까지 많은 시행착오를 겪어야 했으며, 추가적인 교육과 훈련이 필요했다. 이로 인한 일정 지연은 불가피한 상황이었다.

해결 방안 1. 예산 확보 및 절감

PMO의 총괄팀장은 예산부족으로 인한 일정지연 및 인력 관리에 대한 이슈를 해결하기 위해 먼저, 고객사 총괄 PM으로부터 예비비(Contingency Reserve)를 요청했다. 그럼에도 불구하고 이슈를 해결하는 데 턱없이 부족한 상태였다. 그래서 다음 대안으로 예산 절감 방안을 세웠다.

먼저 불필요한 관리 인력을 줄이고 대신 기술 인력을 확충하는 안을 적용하여 생산성을 높이고, 중복되는 과업이 무엇인지 확인해 리소스 낭비를 제거했다. 그리고 PMO 조직은 전사 차원의 집중 근무 시간대를 정책화하여 불필요한 개인시간을 줄이고, 업무 집중도를 높일 수 있도록 모니터링 했다. 이러한 노력으로 진척속도 및 생산성을 높이는 데 어느 정도 효과를 볼 수 있었다.

이슈 2. 현실에 맞지 않는 과업 계획

프로젝트 시작 전 SOW(Statement Of Work) 작성 시 CMMi 레벨 3에 준하는 프로세스로 업무를 진행한다는 조항이 포함되었다. 실무자들의 입장에서는 프로젝트를 시작하면서 CMMi 레벨 3에 준하는 활동이 현실감이 없었고, 실제 SW 프로그램을 개발하는 시간보다 문서 작성하는 시간에 쫓겨 시간을 허비하는 경우가 빈번했다. 이와 더불어 소스코드 레벨의 테스트를 한다는 조항을 넣어 Java Class 내에 있는 최소 단위 Method까지 일일이 검수를 해야 하는 방대한 작업을 수행해야 했다. 이와 같은 SOW는 업무의 비효율성을 낳게 됐고 일정준수에도 악영향을 주었다.

해결 방안 2. SOW(과업지시서) 수정

PMO 이슈 담당자는 SOW의 내용이 실제 프로젝트 현실에 맞지 않다는 것을 식별하고 실무진과 고객이 적절히 협의할 수 있는 방안을 모색했다. 첫 번째, CMMi 레벨3에 준하는 프로세스 및 문서작성에 대해 필수와 옵션 항목을 구분하여 불필요한 항목을 제외하는 방식으로 범위를 줄였으며, 둘째, 코드레벨의 단위 테스트는 주요 Class 또는 복잡도가 높은 Class만 뽑아 코드레벨 테스트를 수행하고 나머지는 기능(Function) 레벨의 메뉴얼 테스트를 병행하는 것으로 협의했다. 이로 인해 실무진들은 업무에 대한 불만과 갈등이 많이 완화됐고 고객사도 만족하는 방향으로 사업을 수행할 수 있게 됐다.

이슈 3. 다양한 이해관계자 의사소통 관리 미흡

본 프로젝트에는 고객사를 제외하고 전체 20여 개가 넘는 수행업체(개인사업자 포함)

가 참여했다. 다양한 이해 관계자들을 통합 관리하기 위해 초기부터 의사소통 채널을 특정 시스템을 가지고 운영했으나, 이 또한 과중한 업무와 쫓기는 일정 때문에 프로세스가 잘 안 지켜지거나 활용을 하지 않는 이슈가 발생되기도 했다. PMO는 이런 문제의 심각성을 지속적으로 모니터링하면서 각 프로젝트팀의 팀장들에게 시스템 활용을 규정에 따라 준수할 수 있도록 독려했다. 그러나 그 또한 큰 효과를 보지 못했다.

해결 방안 3. PMO 의사소통 컨트롤 타워 시스템 구축

PMO 총괄 PM은 여러 이슈 중 가장 큰 문제의 원인은 의사소통의 미흡이라고 진단을 하고, 어떻게 하면 많은 업체들이 동일한 방향성과 목적의식을 갖고 프로젝트에 집중할 수 있게 할지 고민했다. 문제의 원인을 분석한 결과, 각 수행팀 내 PM과 PL의 프로젝트 관리 역량이 부족한 가운데 일부 업체에서는 개발업무와 동시에 관리 업무를 맡게 되어 팀 관리에 소홀하게 되는 문제점이 발견되었다. 이를 해결하기 위해 PMO 내 조직원들이 각각 업체별로 담당을 맡아 의사소통 중계 역할을 지원하는 시스템을 구축하고, 업체별로 실질적인 문제들이 무엇인지 파악하고 그에 맞는 해결 방안을 제시하기 시작했다. 예를 들어, PM의 역량이 부족하여 관리 이슈가 있는 업체의 경우 PM의 상태를 확인하기 위해 고충상담과 지속적인 대화를 시작했다. PM이 힘들어하는 이유는 기술적인 업무로 인한 과부화로 팀원 관리에 리소스를 쓸 수 있는 여유가 없다는 것이 가장 큰 고충으로 파악됐다. 그래서 PMO는 PM의 업무 부하를 줄여주기 위한 일환으로 개발 실무 범위를 조정하거나, 팀원 관리 역할을 지원하는 등 이슈를 해결해 나갔다.

④ 교훈 사항

D사 사례의 가장 중요한 교훈은 적절한 예산확보 및 과업 범위를 정의하는 것이다. 부족한 예산은 프로젝트에 막대한 영향을 끼치며, 인력에 대한 전문성을 확보하지 못할 뿐만 아니라 일정의 지연을 야기시킨다.

그리고 과도한 과업 범위 및 불필요한 일은 실무진의 업무 생산성에 지대한 영향을 끼칠 뿐만 아니라 의욕을 상실케 하고, 더 나아가 프로젝트 실패의 주요 원인이 되기도 한다.

PMO는 이런 다양한 위험(Risk)을 사전에 식별하여 적절한 대응 방안을 마련하여 이슈화되기 전 예방활동을 할 수 있도록 노력해야 한다.

1.5. E 기관 사례(공공 프로젝트 PMO)

① E사 프로젝트 개요

국내 공개 SW 활성화를 위한 목적으로 E기관에서 발주한 사업의 개발 산출물을 인수 관점에서 테스트하는 프로젝트이다. 프로젝트 미션은 1.5개월 기간 내 24개의 프로젝트 개발 산출물을 테스트하는 일인데, 발주기관의 입장에서 SW 기능 구현 여부와 동작 이상 여부를 테스트하고 본 개발 과제의 목적에 부합하는가를 평가하는 것이다.

발주기관은 SW 개발기업에 사업비 지원과 사업성과 관리 및 모니터링을 하며, 테스트기관으로부터 개발 산출물 품질 평가 보고를 받는 역할을 수행했다. PMO 및 테스트 조직은 개발 산출물에 대한 품질 평가 및 보고서 작성을 하여 발주기관에 정기적인 이행현황 및 이슈를 보고했다. 그리고 개발 산출물을 테스트하여 결함 및 개선사항에 대해 권고를 하고 추후 시정 조치가 될 수 있도록 가이드를 제공했다. SW 개발기업은 발주기관에 개발계획에 대한 진행 현황을 정기적으로 보고하며, 테스트기관에는 테스트 업무 협의와 품질평가에 필요한 개발 산출물 및 환경을 제공했다.

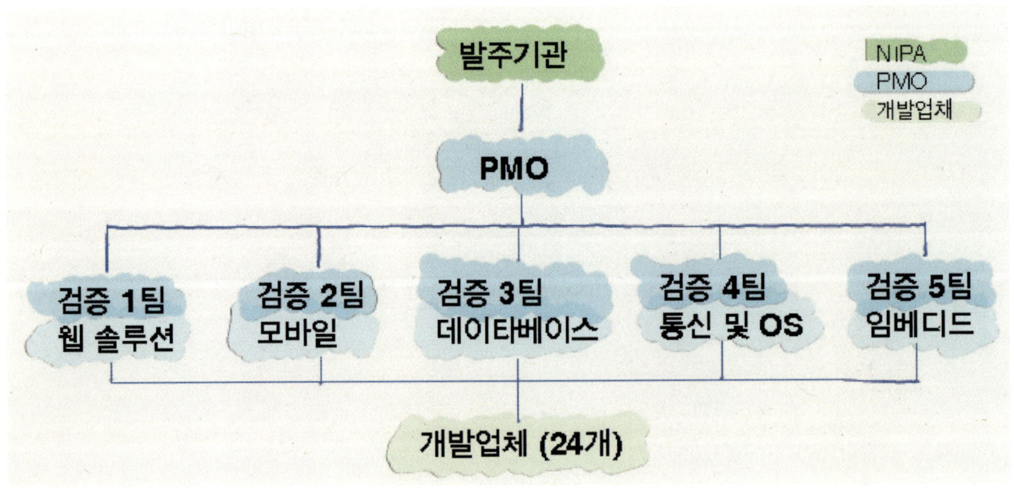

〈그림 6-7〉 프로젝트 조직도

② PMO 역할

프로젝트 조직의 역할 정의를 착수 전 <표 6-3>과 같이 RACI 차트를 활용하여 정의했다. PMO 조직은 크게 프로젝트 관리조직(PMO)과 수행조직(Test Leader, Tester)으로 나뉜다. PMO의 큰 특징으로는 테스트 수행 업체 자체적으로 내부 PMO를 구성했으며, 프로젝트 전반의 관리 및 수행까지도 관여하는 특징을 갖고 있다. 또한 PMO 조직은 전체 리소스 범위의 10% 이내로 기본적인 기능만 수행하고, 나머지 90% 이상을 테스트 수행에 리소스를 사용했다.

프로젝트의 초기에는 테스트 전략 수립 및 프로세스 정의 등 상위 레벨의 업무에 대해서 PMO 관리조직이 주도적인 성격으로 진행하면서, 중후반쯤엔 수행팀이 테스트 수행과 이슈 및 결과 보고 등과 같은 활동을 주도적으로 하는 방식으로 진행됐다.

〈표 6-4〉 프로젝트 RACI 차트 적용 사례

Activity / Function	발주사	PMO	Test Leader	Tester
SW 품질검증 전략 수립	I	A	R	I
SW 품질검증 프로세스 정의	I	A	R	I
검증팀 교육	I	A	R	I
프로젝트 위험 식별 및 예방 방안 수립	I	A	R	I
이슈 처리 및 대응	I	A	R	I
변경 관리 및 통제(일정, 예산 등)	A	C	R	I
SW 품질검증 총괄 보고	A	C	R	I
개별 프로젝트 수행 계획서 작성	C	A	R	I
담당 프로젝트 검증 수행	I	C	R	R
이슈 보고 및 현황 보고	A	I	R	R
개별 과제 수행 종료 보고	A	I	R	R

RACI Definitions
Responsible: person who performs an activity or does the work
Accountable: person who is ultimately Accountable and has Yes/No/Veto
Consulted: person that needs to feedback and contribute to the activity
Informed: person that needs to know of the decision or action

③ 프로젝트 이슈 및 해결 방안

이슈 1. 일정 조율 및 테스트 준비 미비

가장 먼저, 24곳의 개발사마다 개발 계획 및 진행 일정이 각각 상이하여, 일정 조율을 하는 데 큰 어려움이 있었다. 심지어는 3곳이 지방에 위치하여 효율적인 동선도 고려해야 하는 상황이었다. 이와 더불어 개발 업체들의 진척현황을 조사해본 결과 절반 이상의 업체가 테스트를 할 수 없는 상황이었다. 그리고 대부분의 개발사에선 좀 더 높은 품질의 개발 산출물을 가지고 테스트를 받고자 일정을 후반부로 미루길 원하는 경향이 있었다. 이로 인해 테스트 일정이 후반부에 다수 중복되어 인력공수가 몰리게 되었다.

테스트 수행 전 PMO 조직은 테스트 수행팀과 과제분석을 진행하기로 했다. 과제분석은 품질목표, 제품 위험(Risk) 분석, 테스트 수행 범위 등을 위한 활동이다. 과제 분석을 위해 기본적으로 개발 업체에서 작성한 사업계획서, 요구사항 정의서, 설계서, 사용자 매뉴얼 등이 요구되었다. PMO는 각 업체에 공문을 보내어 과제 분석을 위한 산출물을 요청했다.

그러나 요청한 지 2~3일이 지나도 회신 건수가 매우 저조했고, 수집된 산출물도 갱신되지 않거나 누락된 항목들이 대부분이었다. 일정은 매우 촉박하고 불명확한 과제분석으로 정확한 테스트 범위를 예측하기가 어려웠다.

해결 방안 1. 발주사와 협력관계 도모

PMO는 단기 프로젝트에서 가장 핵심적인 성공요인을 일정 관리로 생각했다. 그러나 프로젝트 초반부터 일정 계획을 하는 데 큰 차질이 생길 것으로 예상되자 발주사(NIPA)에 요청하여 개발업체들이 적극적으로 일정 계획 및 테스트 준비사항에 협조할 수 있도록 공문을 요청했다. 또한 유선상으로 업체별로 연락하여 사전에 테스트를 먼저 받는 업체는 평가 점수가 유리할 수 있다는 식으로 독려하여 일정 조율을 했다. 그리고 지방에 위치한 기업을 고려하여 별도의 한 팀이 전담을 맡아서 진행하도록 조정했다. 그 결과, 후반부에 몰려 있던 테스트 일정을 적절히 분산시킬 수 있었다.

요청한 산출물도 1주일 이내 모두 수집할 수 있게 되어 테스트 범위를 예측하는 데 더욱 수월하게 할 수 있었다.

이슈 2. 개발 목표 달성 불일치

본 프로젝트의 개발 기업 중 한 곳은 마감일이 1달도 남지 않는 상황에서 개발 계획 목표의 50%밖에 구현돼지 않은 상태였다. 초기 계획은 오픈소스 프로그램을 바탕으로 가상 OS 시스템을 개발하는 것이었는데 실제 구동돼야 할 기본 기능들은 구현되지 않았으며, 프로그램 함수(API)만 개발된 상태였다. 기능에 대한 사용자 매뉴얼은 존재했으나, 실제 사용자단의 인터페이스 및 메뉴들이 구현되지 않았다. 그래서 우리 검증팀은 아무것도 확인을 할 수 없는 상태였으며, 이런 문제점을 PMO에 즉각 보고했다.

해결 방안 2. PMO의 적극적인 커뮤니케이션

PMO는 즉각 해당 기업 개발 PM을 만나 본 이슈 사항에 대해 설명을 요청했다. 사유는 해당 프로젝트 담당자들이 잦은 외근과 파견 등으로 참여율이 떨어져 개발 진척이 늦어졌으며, 또한 고급 아키텍처들이 최근 퇴사를 하게 되어 기술적 한계에 부딪히게 됐던 것이다.

이런 기업의 사정을 명확히 발주사에 전달하기 위해 PMO는 정중히 개발 PM에게 소명서를 작성하도록 가이드 했다. 소명서 내용은 본 SW 개발사업 계획 목표를 달성하지 못한 항목이 무엇이며, 어떤 사유로 개발하지 못했는지 그리고 추후 목표 달성 방안에 대한 내용을 기술하게 했다.

PMO는 개발 PM이 작성한 소명서를 받아 발주사(NIPA)에 보고했고, 개발 기업이 즉각적인 후속조치를 할 수 있도록 가이드 했다.

④ 교훈 사항

PMO가 상위 기관으로서 각 부문에 발생하는 이슈와 커뮤니케이션을 조정하고 통제하는 업무를 수행하여 프로젝트 관리를 위한 기초를 확립한 것이 프로젝트 성공을 위한 중요한 포인트이다.

프로젝트 진행현황을 프로젝트 관리시스템(PMS: Project Management System)을 통해 관리함으로써 PMO가 다수 프로젝트의 진행현황 및 주요 이슈에 대한 대응이 용이하도록 한 것이 프로젝트 의사소통 효율성을 높이는 데 큰 도움이 되었다.

2. PMO 사례(해외)

해외에서는 조직단위의 PMO와 비즈니스 PMO, 기업 전략과 포트폴리오를 관리하는 PMO 등 국내보다는 관리영역이 넓고 다양한 관점으로 접근하고 있다. 그리고 PMO를 기술과 프로세스적인 측면으로 접근하지 않고, 회사의 전략 이행을 위한 기본 시스템으로 이해하고 발전시키기 위한 노력을 기울이고 있으며 이를 위해 기술적인 관점보다는 문화적인 접근, 지속적인 성과 측정, 프로젝트에 수반되는 교훈이나 이슈/위험 관리에 대한 지식 관리 체계를 구축하는 데 관심이 높다.

2.1. F사 사례(내부 PMO)

① PMO 개요

F사는 글로벌 기술서비스 분야의 선두주자로, 고객들에게 비즈니스 솔루션을 제공한다. F사는 지금으로부터 약 45년 전에 정보기술 아웃소싱 산업을 육성했다. 오늘날 F사는 제조업, 금융업, 커뮤니케이션, 에너지, 교통, 도소매 관련 회사 및 전 세계 정부기관을 대상으로 다양한 정보기술 및 비즈니스 프로세스 아웃소싱 서비스를 제공하고 있다.

2006년 4월에 설립된 응용프로그램오피스(APO, Applications Program Office)는 인수합병, 응용프로그램 분석, 프로그램과 다양한 프로젝트에 대한 책임을 맡고 있는 기관이다. 응용프로그램 제공과 관련해 F사는 소프트웨어에 대한 유지보수, 프로젝트 관리와 컨설팅 서비스를 제공한다. 응용프로그램은 미국, 캐나다, 라틴아메리카, 아시아태평양, 그리고 유럽, 중동, 아프리카 등 다양한 지역으로 제공하고 있다.

② PMO의 필요성 및 APO의 목표

글로벌 기업에서는 나라별 법률과 규제, 언어, 문화 등의 차이로 인해 효율적인 의사소통과 협력이 아주 중요하다. F사에서는 수많은 프로젝트를 진행하면서 각 프로젝트의 현황을 구체적으로 파악하기를 희망했다. 즉, 각 프로젝트마다 비전(Vision)을 공유하고 공통의 목표를 수립하기는 하지만, 조직 전반의 예산투자에 대한 관리와 핵심 성과 관리를 성공적으로 수행할 필요가 있었다. 그리고 F사의 핵심 투자 이니셔티브 중의 하나인 10가지의 새로운 응용변환프로그램(Applications(Apps) Transformation Program)을 모니터링하는 것이 필요했다. APO를 통해 이 10가지 프로그램에 대해 총체적으로 관리하고자 한 것이다. 아래에는 APO의 주요한 목표들이다.

- 월간 분석 및 밸런싱을 통한 투자 효과 관리 및 최적화, 변경 관리 촉진
- 범위, 일정, 예산 및 응용변환프로그램(Apps Transformation Programs)의 가치를 추적 및 보고함으로써 경영진에게 프로그램의 투명성 제공
- 지역기관과의 협력사업에서 응용변환프로그램(Apps Transformation Program)의 핵심 마일스톤에 영향을 미치고 협력을 이끌어냄
- 지역별 리더와 협력하여 응용변환프로그램의 통제체계 수립
- 조직 내의 핵심 이슈와 위험요소에 대한 적정 수준의 관리

③ PMO 역할

프로그램 오피스(APO)가 만들어지던 시점부터 부여된 PMO(APO)의 역할은 범위, 일정, 예산 및 응용프로그램에 대한 모니터링 및 추적/보고, 정보의 일치성 확보 등이다.
 이 일을 수행할 때, 공통의 방향과 기대를 전달하기 위해 APO는 다음과 같은 일을 했다.

- APO 프로세스와 절차들을 저장/관리하기 위한 웹사이트 구축
- Microsoft SharePoint로 지식 관리 저장소 구축
- 프로그램 관리자를 고용해 "Quick Start" 미팅을 이끌고, 체계적인 관리 지원
- 프로그램 관리자 및 프로젝트 관리자들이 업무범위 파악, 현황 검토 및 상황 보고, 범위 파악 등에 사용할 수 있는 템플릿 제공
- 효과적인 의사결정을 위해 변경 관리 위원회를 포함한 통제 프로세스 수립

④ PMO 효과

전 세계적으로 즉각적인 결과들이 나타났다. 몇몇 주목할 만한 성과는 다음과 같다.

- 양질의 데이터 수집 및 경영진을 위한 일관되고 유용한 정보 제공
- 프로그램 이슈 및 위험의 식별, 분석 및 문제 해결
- 프로그램 범위, 일정 및 산출물 변경의 체계적 관리

F사의 프로젝트 및 프로그램 차원의 방법론은 프로그램오피스(APO)의 근간을 이루고 있다. 이 방법론들은 프로그램 및 프로젝트와 관련된 정보들을 강화하기 위한 절차들을 제공함으로써 상위 관리자들이 통합적 시각을 갖게 했다.

APO는 표준 방법론들을 적용할 뿐 아니라, 의사소통을 향상시키고 보고 시의 정보를 일치시키기 위한 절차 및 도구를 개발했다.

- 격주에 한 번씩 취합되는 상황보고, 응용변환프로그램 및 지역 전체의 현재 상황에 대한 요약을 제공하는 한 권의 상호작용적인 워크북
- 기업 차원에서 통합된, 모든 프로그램의 산출물에 대한 일정을 1페이지로 요약한 보고서
- 변경요청 검토 및 처리를 위한 격주 변경 관리/거버넌스 회의
- 격주마다 한 번씩 있는 운영회의 개최(글로벌 영역의 리더들이 커뮤니케이션할 수 있는 포럼 형태)
- 분기별 투자성과 보고(조직의 재정 상태, 핵심 성과, 주요 위험 및 이슈를 요약해 보여줌)

⑤ 교훈 사항

경영진이 많은 정보를 바탕으로 한 비즈니스 의사결정을 내리기 위해서는 프로그램의 현황을 정확히 파악할 수 있는 시스템에 빠르게 접근할 수 있어야 한다. APO는 애플리케이션변환프로그램(Apps Transformation Program)에 있는 모든 프로그램들과 핵심 이니셔티브들에 대한 통합 요약 정보를 제공해주어 APO가 프로그램 전체에 대한 프로세스와 활동을 관리하므로, 경영진은 재정 상황을 모니터링하고 조직이 목표를 향해 나아가는지에 대한 확신을 가질 수 있었다. 많은 프로그램들은 상호 의존적이므로 APO는 프

로그램 리더들이 이러한 의존성을 이해하는 데 도움을 주고, 산출물의 구현과 관련하여 각 프로그램 간, 그리고 지역 간의 양 방향적 의사소통을 촉진시켜주었다.

APO는 조직의 성공을 위해 다음 사항들에 초점을 맞췄다.

- 광범위한 비즈니스 목표 관리를 위해 기업 차원의 업무 조망 및 프로그램 간의 상호 연관성 관리
- 업무 리더가 프로그램 포트폴리오 현황을 볼 수 있도록 함
- 각 프로그램 간의 협업 및 의사소통 제공
- 프로그램에서 대두된 문제를 해결하고 위험을 완화시킴
- 프로그램 차원에서의 변경통제
- 프로그램 목표와의 일치 여부를 지속적으로 확인
- 프로그램 포트폴리오에 대해 경영진 통제체계 제공
- 프로그램 차원에서 예산 및 자원 관리 계획 제공

F사는 APO 프로세스를 통해 경영진이 현명한 비즈니스 의사결정을 내리도록 하는 데 반드시 필요한 정보를 제공해주었다. 그리고 변경통제 프로세스를 사용해 1년 동안 업무 환경의 변화에 적응해 역동적인 비즈니스 의사결정이 가능하게 했다. 즉, 모든 투자는 응용변환프로그램(Apps Transformation Program) 전 영역에 걸쳐 최대의 투자 대비 효과(ROI)를 얻을 수 있도록 지원한 것이다. 개선이 필요한 분야와 우선순위에 대한 파악, 그리고 소요 비용을 예측하고, 투자 여부를 판단할 정보를 갖게 되었다.

<표 6-5> APO 이익/가치 및 평가 기준

APO 이익/가치	평가 기준
월별 분석 및 균형 유지를 통해 최적화된 투자 제공	월별 보고 및 추천
경영진의 의사결정 시, APO를 통해 제공되는 통제활동들에 의해 의사결정 프로세스가 짧아짐	변경요청 프로세스와 변경 관리 절차에 의해 문제점, 위험, 그리고 투자현황 및 프로그램의 상태에 대한 정확하고 적절한 보고
지역 및 이해 관계자들로부터 적극적 지원을 이끌어내 합의된 계획으로 시너지 효과를 창출함	경영진 통제에 의한 핵심 마일스톤 승인 투자대비 효과(ROI: Return on Investment)
표준화된 도구, 보고, 정보, 그리고 프로세스들이 프로그램 수행능력을 향상시키는 데 초점을 맞춤	적절한 측정 및 ROI 시연 도구
시정조치계획에 대한 관리-적절한 문제제기를 통해 핵심 문제점들과 위험들을 적절한 시기에 완화할 수 있도록 함	상황보고 및 '건강상태 체크'-모든 제기된 문제점과 위험이 명확히 드러나고 해결됨

결론적으로 F사는 글로벌 차원으로 프로젝트를 운영하고 있는 다양한 프로그램 그룹을 공통된 프로젝트 체계 안에서 관리할 수 있게 되었다. APO는 마치 상급 관리자들에게 활용 가능한 정보를 제공하는 정보센터와 같이 작용했다.

2.2. PMO 사례(해외, 내부 PMO)

① 프로젝트 개요

미국 미시건 주 랜싱(Lansing)에 있는 액시던트 펀드(Accident Fund)는 근로자 산재보상보험 및 상해보험 취급사로, 그 규모가 미국 동종 업계에서 15번째로 크다. 1999년에 정보시스템(IS: Information System) 부서에서 정보시스템 프로젝트를 집중적으로 관리하기 위해 PMO를 설립했다. 이후에 PMO의 객관성을 유지하기 위해 의도적으로 PMO를 IS 부서와 분리했으며, 이 PMO가 새로운 전자상거래 전략을 연구개발하는 E-magine 부서와 결합해 혁신과 기획(I&P: Innovation and Planning)이라는 새로운 PMO 부서를 탄생시켰다. 새로운 PMO(I&P)는 연구조사를 통해 다양한 아이디어를 도출하고, 이 중에서 가치 있는 일에 자원을 우선적으로 투자할 수 있도록 기업의 전략방향에 중요한 역할을 감당했다.

새로운 PMO(I&P)는 경영진에 직접적인 보고의무를 갖게 되었는데, 신규 PMO 리더는 기업을 위한 전략적 계획을 수립하고 실행을 주도해 나가는 역할을 감당했다. 또한 인력과 도구 지원을 위한 예산을 부여받고, 더 나아가 전략적 프로젝트의 수행을 위한 자금에 대한 책임까지 맡게 되었다. 이는 결과적으로 이 조직이 전략적 프로젝트들에 대한 의무와 권한을 모두 갖는 계기가 되었다. PMO가 지금까지 맡아온 전략적 프로젝트와 프로그램들의 사업영역을 간단히 분류해보면 다음과 같다.

- 대형 시스템 개발 프로젝트
- 변화 관리 프로젝트
- 인수합병 프로젝트
- 연구개발 프로젝트

② PMO 역할

프로젝트 우선순위 결정, 비용이익분석, 자원 분배 및 프로젝트 진행 관리를 수행함에 있어서 필요한 다양한 방법론들을 도입했다(예를 들면 시스템 개발, Agile 프로젝트, 연구개발 프로젝트, 인수합병, 기업 변화 관리, 편의시설 설치 등을 위한 방법론 등).

프로젝트팀의 역할분담을 관리하고, 프로젝트 간의 공유 자원을 관리해 지리적으로 동떨어져 있는 자회사 직원들까지 관리했다. PMO 내에 협력업체 관리팀(VMO: Vendor Management Office)을 두어 기업의 벤더 관계 및 협상, RFP, SLA(Service Level Agreement), 협력사(Vendor or 3th party) 감사 및 전문 인력 소싱 등을 관리했다.

이 PMO(I&P 부서)는 아홉 명의 전임(Full-time) 관리자들과 세 명의 벤더 관리직원, 디렉터, 리더 및 행정지원 전문가로 구성되어 있다. 계약자들은 특정 기술을 요하는 한시적인 프로젝트팀에 정기적으로 추가된다. 대부분의 구성원은 프로젝트 관리 전문가(PMP: Project Management Professional)이거나 혹은 프로젝트 관리나 계약 관리 쪽의 자격증을 준비하고 있는 사람들이다. 그리고 이 팀은 전반적인 포트폴리오 관리 프로세스, 소프트웨어 및 프로젝트 거버넌스 절차들에 대한 분석 역할도 맡고 있다.

PMO의 총괄책임자는 우선적으로 액시던트펀드(Accident Fund)와 관련된 주요 프로젝트들을 성공적으로 마치고, 프로젝트 진행이 전략적 계획과 맞아떨어지는지를 확인한다. PMO는 정기적으로 다른 부서에 프로젝트 관리 서비스를 제공하기는 하지만, 회사 내의 모든 프로젝트를 지휘한 것은 아니다. 오히려 5개년 전략 계획을 이루는 데에 핵심적인 도움을 주고 가장 큰 업무 혜택을 주는 프로젝트와, 여러 개의 부서나 회사들이 함께 진행하는 프로젝트에 시간과 전력을 기울였다.

PMO는 사내 거의 모든 부서의 전략 계획 절차를 이끌어 가는 데 도움을 주었다. 매년 요구사항을 식별하고 연말 즈음에는 그 결과(성과)를 가시화하는 데 주력했다. 한 해 동안 그들은 분야별 점수를 기록하고, 기존의 로드맵 계획에 비추어 현 상태를 평가했다.

PMO의 집중 분야는 다음과 같이 4가지 주 영역으로 분류될 수 있다.

- 관리체계 개선
- 포트폴리오 관리 개선
- 프로젝트 관리 프로세스 개선
- 조직 개선

프로젝트에 대한 다양한 아이디어가 제시되면 PMO는 프로젝트 스폰서와 함께 투자 효과를 분석하는 과정을 거치는데 이때 비용 산정, 사업이익 및 현재 가치와 원금 회수 기간 등의 중요한 정보를 담을 수 있는 표준 템플릿을 사용했다. 이 과정에서 PMO는 프로젝트 이익창출을 감지하고 이끌어내는 능력이 필요했다.

PMO는 단지 프로젝트 비용을 산정하는 데만 그치지 않고, 프로젝트의 잠재된 이익창출 가능성을 분석했다. PMO는 계획 대비 실적에 대한 평가, 초기 기대 성과에 대한 확인, 기존 비용이익에 영향을 미칠 수 있는 조직의 변화와 같은 새로운 정보들을 검토했다.

실제로 프로젝트 관리자는 프로젝트 투자에서 얻는 이익에 대한 책임을 갖는다. PMO는 이익실현에 초점을 맞추는 것과 더불어, 전략적 주도권을 위한 최고책임자회의 및 프로젝트 우선권 부여를 위한 프로젝트 포트폴리오 관리(PPM) 등의 전사적인 프로젝트 거버넌스 체계를 규정해놓았다.

③ 프로젝트 이슈 및 해결 방안

포트폴리오 관리로 더 나은 의사결정이 가능해짐

액시던트펀드(Accident Fund)는 전사적 관점으로 활용하기 위한 포트폴리오 관리 도구를 도입했다. 이 시스템이 있기 이전에 프로젝트 관리자들은 프로젝트 수명주기 동안 발생할 수 있는 문제점들의 발견을 위해 자신만의 프로세스와 방법론을 사용했다. 프로젝트 참여자와 스폰서, 그리고 이해 관계자들 모두 문제점 공유와 해결에 어려움이 있었다. 그러나 포트폴리오 관리 도구를 사용해 다양한 이슈들을 추적 관리하면서 프로젝트에서 발생되는 문제점들을 표준화하고 시각화해 일을 효율적으로 처리할 수 있게 되었다.

또한 포트폴리오 관리 도구는 최고의사결정위원회가 전략적 프로젝트의 진행 상태를 검토해 좀 더 많은 정보를 가지고 결정을 내릴 수 있도록 함으로써 액시던트펀드(Accident Fund)에 이익을 가져왔다. 일정기준선, 예산, 자원 이용현황 및 가용성에 대한 프로젝트 정보를 한눈에 파악할 수 있도록 하는 시스템 보고체계도 만들어졌다. 지금은 추가로 진행하는 프로젝트에 필요한 자원이 사용 불가능하여 프로젝트에 악영향을 미칠 수 있는 상황이 됐을 경우, 포트폴리오 도구에서 적절한 정보가 제공되어 거버넌스 위원회가 어떤 프로젝트에 자원을 투자하는 것이 더 좋을지 선택하는 데 도움을 준다.

한 기업이 성장에 따른 가장 어려운 점은 기업 전체의 자원 가용성을 정확히 산정하는 것이다. 현재는 포트폴리오 도구의 사용이 자회사로까지 확장되어, 자원을 이동하고 전사적인 단계에서의 초과 가용성을 강화할 수 있도록 했다.

프로젝트 관리 프로세스 개선

PMO는 정보서비스 인력과 다양한 업무영역에서 온 구성원들과 협력해 시스템 개발 수명주기를 수립하고 제도화시켰다. 또한 이 프로세스들만 만들고 문서화한 것이 아니라, 프로젝트 관리자들을 돕기 위한 역할과 책임, 그리고 프로세스 점검목록도 함께 만들었다. 전사교육훈련 부서는 시스템 개발 수명주기를 좀 더 구체적으로 제도화시키기 위해 교육과정을 만들었고, 포트폴리오 도구가 시스템 개발 수명주기와 일치하도록 고객 맞춤식의 적절한 작업흐름도와 프로젝트 확인 목록을 생성했다.

하지만, 시스템 개발 수명주기가 모든 전략적 프로젝트의 수행완료를 위한 기초가 되는 것이 아니다. 프로젝트 관리자들은 세계 경제에서 성공적인 비즈니스 성장에 반드시 필요한 전략적 동인을 성공적으로 이끌어 나가기 위해 다양한 도구들을 필요로 한다. 따라서 인수합병, 편의시설 건립, 조직 변화 등 여러 종류의 프로젝트들이 PMO의 "프로젝트 관리 방법론 체계" 안에 들어가게 된다.

Agile 방법론의 실험적인 사용에 관한 프로그램이 최근에 시행됐다. 이러한 접근을 강화함으로써 잘못된 선택을 조기에 발견하고 시정조치를 취할 수 있으며, 이러한 시험주기를 자주 실행하여 품질을 향상시킬 수 있다.

이 PMO는 현재까지 인수합병 액티비티를 위한 구조와 절차를 제공해왔으며, 앞으로는 이전의 M & A들로부터 만들어진 절차와 교훈을 강화시키고, 자회사의 통합 또한 PMO가 관장할 수 있는 기회영역의 범위에 들어간다. 각자 독립적으로 가지고 있는 문화, 절차 및 시스템을 서로의 가치와 강점을 해치지 않으면서 통합하는 작업은 이해 관계자 관리업무지원 등과 같은 프로젝트 관리 기술과 잘 어울리는 작업이다.

④ 교훈 사항

PMO는 기업 요구의 변화에 따라 진화를 하는 것이 중요하다. 액시던트펀드(Accident Fund)의 PMO는 처음 IS 부서 안의 작은 그룹에서 시작해 기업 차원에서 일하는 독립적인 부서로, 그리고 이후에는 다중 기업에 걸쳐 일을 하고 있다. 훌륭한 PMO가 되기 위해서는 기업에 가치 있는 업적을 가져다주는 일에 초점을 맞추는 것뿐만 아니라 지속적인 프로세스 개선을 위해 노력할 필요가 있다. PMO의 관리 영역 또한 초기에는 IT 프로젝트를 관리하는 단계에서 복수의 프로젝트를 관리하고 더 나아가 프로그램 단위, 그리고 기업의 전략적 의사결정을 지원하는 포트폴리오 관리까지 지원할 수 있다.

그리고 PMO가 이러한 관리를 체계적으로 진행하기 위해서는 각 부문에 발생하는 이슈를 해결하고 관리하며 커뮤니케이션을 활성화하기 위한 적절한 관리도구가 필요하다. 이를 통해 다수 프로젝트의 진행현황 및 주요 이슈에 대한 대응이 용이할 수 있다.

참고문헌

[1] Center for Business Practices, PMO of the Year, 2007.
[2] 정보화사업 PMO 운영 관리 매뉴얼, NIA, 2011.
[3] 정부지원 중소형 프로젝트의 PMO 적용 사례, NIPA, 2013.

Chapter 7

공공기관 PMO 활용 방안

이제 공공기관에서의 PMO 활용 방안을 살펴보고자 한다.

그동안 공공 정보시스템의 오류, 장애, 보안사고(NEIS 성적처리 오류, 농협 전산망 마비, NATE 개인정보 유출 등)로 인해 서비스 신뢰도 저하는 물론 국민에게 막대한 피해가 발생함에 따라 공공정보화 사업에 대한 보다 체계적인 관리가 요구되고 있다.

1. 공공기관 정보화 사업 PMO 필요성

최근 전자정부 등 국가 정보화가 급속히 진행되면서 사회 각 분야의 행정, 민원 등의 업무가 정보시스템에 의존하는 비율이 높아짐에 따라 정보시스템이 국민 생활에 미치는 영향이 매우 커지고 있다. 또한 프로젝트가 대형화되고 장기화되면서 참여인원과 구축 비용이 대규모로 커짐에 따라 프로젝트의 위험 요소가 증가하고 있다. 따라서 프로젝트 수행에 대한 종합적인 점검과 평가로 프로젝트에 대한 신뢰성과 안정성을 증진시키고, 정보기술의 활용에 따른 각종 위험이나 역기능을 최소화할 수 있는 프로젝트 관리에 대한 전문성이 요구된다.

또한 국가 정보화 사업이 여러 부처의 연계, 대형화, IT 기술의 도입 등으로 복잡화됨에 따라 사업의 성공적인 추진을 위해 보다 체계적이고 전문적인 사업 관리에 대한 필요성이 증대되고 있다. 특히 정보화 사업이 국가 경쟁력을 결정하는 핵심적인 정책수단이라는 인식이 확산되면서, 이러한 변화 방향에 부합하는 정보화 사업 관리체계의 운영과 체계적이고 합리적인 정보화 사업 관리 방안이 요구되고 있다.

PMO의 도입은 이러한 사업 관리 효율을 향상시키는 방법 중 하나로 인식되고 있는데, 특히 과거 프로젝트의 성공이나 실패에 대한 경험을 효과적으로 전달한다거나, 프로젝트 팀에게 프로젝트 수행과 관련된 지원 서비스를 제공한다는 점에서 긍정적으로 활용될 수 있다.

2. PMO 역할

정보화 사업의 특성상 다수 이해관계자가 존재하기 때문에 사업 실패 시 부정적인 영향은 매우 커지게 된다. 특히 사업기간이 촉박하고 제한적일 경우, 사업의 불확실성으로 인한 위험이 높아진다. 따라서 대규모 정보화 사업의 성공적인 관리를 위해 전문화된 사업 관리 능력의 확보가 필요하다.

최근 공공 부문과 민간 부문의 구분 없이 대형 사업이 발주된 경우에, PMO 조직이 구성되는 경우가 많다. 일반적으로 발주기관과 외부 PMO 전문 컨설팅 업체가 공동으로 PMO 조직을 구성하며, 이를 통해 사업자의 적극적인 참여를 이끌어낼 뿐만 아니라, 사업 관리 체계에서 부족한 전문적인 영역을 보충해주고, 프로젝트 요구에 맞는 전문적인 사업 관리를 수행한다.

발주자의 인력이 부족한 경우에는 사업 초기부터 외부 PMO 조직을 도입하여 적극적으로 의견을 개진하고 조언을 제공하도록 하여 사업 전반에 반영하기도 한다. 특히 사업 진행 초반에, 업무 범위나 책임 등 민감한 부분에 대하여 PMO 조직이 이슈별로 문제점을 파악할 필요가 있으며, 사업 수행 시 발주자와 사업자 간 중간자적인 입장에서 자문을 제공하면서 위험(Risk) 요소를 사전에 발견하고 해결하는 업무도 중요하다. 구체적인 역할을 정리하면 다음과 같다.

- 사업 초반에 업무범위, 책임 등 위험(Risk) 요소 사전파악 및 대응 방안 마련
- 사업자, 사용자 등 이해 관계자의 적극적인 참여 유도
- 방법론, 관리기법, 관련 지식 축적 및 공유 등 체계적인 프로젝트 관리체제 구축
- 프로젝트 위험(Risk) 요소들에 대한 효과적인 관리 및 통제 관련 지식 등 지원

- 프로젝트 전체 추진단계에 대한 총괄 관리
- 비용, 품질, 위험(Risk), 일정 등의 프로젝트 전 분야를 감시 및 모니터링
- 발주기관의 의사결정을 지원하는 역할

※ PMO의 역할은 해당 프로젝트의 성격, 발주기관의 조직 형태에 따라 달리 정의할 수 있음.

3. PMO 설립 방안

PMO 설립을 위한 추진단계는 다음과 같다.

- PMO의 목적과 비전, PMO 추진 내용 수립
- 책임자 선정, PMO 성공을 위한 경영층의 적극적인 지원과 참여 유도
- PMO 팀원들의 역할 분담(방법론 개발, 프로젝트 관리, 시스템 도입, 교육, 의사소통 등)
- 프로젝트 관리 기반 구성(프로젝트 데이터베이스, 각종 템플릿 준비, 프로젝트 관리 소프트웨어 선정)
- 프로젝트 진행 과정의 모니터링 및 감독
- 프로젝트 성과 추적
- 종료 프로젝트 결과 정리, 지식 축적
- 프로젝트를 예측 가능하도록 프로세스의 지속적 개선
- 성공 프로젝트를 지원하는 조직으로 개선(납기, 예산, 품질 확보)

3.1. PMO 추진 단계별 주요 활동 정리

〈표 7-1〉 PMO 추진 단계별 주요 활동

단계	활동 내용
PMO 추진계획 수립	PMO 목표, 비전 및 접근 전략 정의 PMO 임명, 팀 구성 PMO의 '성공' 정의 팀원 역할 및 책임 정의
PMO 구현	PMO 조직 구성, PMO 의 업무범위 및 업무 분담 확정 PM 프로세스 개발, 프로젝트 관리 소프트웨어의 선정 및 개발 '성공' 측정기준 설정 프로젝트 관리기반 구현(관련 데이터베이스 구성 및 지식 관리)
PMO 활동 수행	준비된 성과기준으로 프로젝트 성과추적, 성과추이 분석 프로그램(포트폴리오) 관리를 위한 솔루션 도입 프로젝트가 문서화된 계획에 의해 수행되도록 함
PMO 업무 종료 및 지속적 개선	프로젝트의 '성공'에 대한 성과 추적 산출물 정리 및 교훈 분석 소프트웨어의 지속적인 개선 및 갱신 전문적인 프로젝트 관리자의 지속적 양성

발주기관이 PMO를 설립하기 위해서는 PMO 추진 계획을 수립하고 PMO 조직을 결정하며, PMO 업무 범위 및 역할을 정해야 한다. 물론 외부 전문가를 소싱할 경우에는 예상 소요비용 및 인력에 대한 검토도 필요하다.

3.1.1. PMO 추진계획 수립

해당 사업이 PMO를 설립할 특성과 규모를 지니고 있는지 판단하고, 내부적으로 PMO를 관리할 역량이 있는지, 사업자가 성공적으로 사업을 마칠 역량이 충분한지를 검토하여 외부 전문 인력의 도입 정도를 검토한다. 해당 사업의 파급성, 사업규모, 사업 관리능력, 사업 위험(Risk) 등과 같이 사업 관리와 관련된 복합적인 기준들을 적용해야 한다. 사업의 범위와 규모, 내부 사업 관리 역량을 종합적으로 판단하여, PMO의 업무 범위 및 역할을 정하고 PMO를 수행할 때 소요되는 비용과 투입인력을 예상하여 PMO를 설립한다. PMO의 역할은 사업 관리 부문과 IT 기술 및 방법론 전수, 교육 등으로 나눌수 있다. IT 요소기술은 관련 자격 보유 여부, IT 시스템 개발 및 구축 경험, 테스트 기술로 구성되며, 사업 관리 부문은 방법론 보유 여부, 사업 관리 및 총괄 경험으로 이루어진다. 따라서 내부 인력이 이러한 역량을 보유한 경우 내부에서 수행할 수 있으나, 그

렇지 못한 경우에는 외부 PMO전문 인력을 소싱하여 성공적인 사업 진행과 함께, 관련
기술이나 지식을 전수받을 필요가 있다.

① PMO의 수행 주체 비교

〈표 7-2〉 PMO 수행 주체 비교

수행 주체	주요 특성
내부인력	자체 인력으로 PMO를 구성하여 사업 관리 업무 수행 전산실, 정보화 담당관을 중심으로 조직 내부에 정보화 사업 관리를 위한 전문지식과 사업 관리 경험을 보유한 경우
내부+외부 전문가	부분적으로 전문영역이나 일부 사업 관리 부문에 대해서 외부 전문 인력을 소싱하여 사업 관리 업무 수행 일부 전문지식의 부족으로 사업자와 원활한 소통이 불가능하거나, 사업 관리 역량은 보유하고 있으나 기존업무 수행으로 인해, 내부 가용 인력이 없는 경우 향후 정보화 사업에서 자체적으로 해결하기 위해 전문 관리 역량을 보유하고자 할 경우 지식 및 사업 관리 전문기술을 전수받기 위해 외부 전문가 섭외
외부 전문가	다수의 부처가 복잡하게 얽히거나 최신 정보화 기술과 관련한 사업에 대하여 내부 인력의 전문지식 및 사업 관리 역량이 부족한 경우 외부 전문가의 도움을 받아 사업 관리를 수행하고, 장기적으로 자체적인 사업 관리 역량을 보유하고자 하는 경우

② PMO 비용 산정

　PMO 비용 산정은 전문 인력을 투입하는 컨설팅업무로서 소프트웨어 사업대가 기준의 투입인력 수와 기간에 의한 예산 산정방식을 적용하거나, 사업규모를 고려한 정보전략 계획 수립비의 산정방식을 참조하여 동등 이상 규모로 산정할 수 있으며, 또는 기 수행된 사례를 참조한 시장가격에 의한 산정방식을 적용할 수 있다. 참고로 국내외 IT 사업 내 PMO 도입 사례를 살펴보면, 전체 구축비용 대비 5~8% 정도의 비용(외부 컨설팅 인력기준)이 PMO 도입예산으로 소요되고 있다. 차후 PMO 도입으로 인한 예산 기준을 정하기 전까지는 타 기관의 사례와 해당 프로젝트의 성격, 특성을 고려하여 규모 및 비용을 산정할 수 있다.

3.1.2. PMO 구현

　일반적으로 PMO 조직은 내부 또는 외부 인력으로 구성하거나 PMO 수행 전문업체 아웃소싱을 통해 확보할 수 있으며, PMO 업무는 멀티 프로젝트에 대한 총체적 관리, 프로젝트별 진척 관리, 위험(Risk) 및 이슈 관리, 의사소통 관리, 품질 관리, 변화(변경) 관

리, 표준화정책수립 및 지원 등을 수행할 수 있다. 이 외에도 다양한 형태의 기술지원
또한 수행할 수 있다.

외부 PMO 수행 전문업체 아웃소싱의 경우, 계약 관련 법과 정보시스템 구축운영지침
(행정안전부 고시)에 따라 발주계획을 수립하고 입찰공고와 전문업체 선정을 위해 대상
사업, PMO 역할, 수행범위, 제안요청사항 등을 포함한 제안요청서를 마련하여 발주한다.

① PMO의 운영 방안 확정

발주기관 여건과 사업규모, 특성을 고려하여 구성된 PMO 조직의 효율적이고 효과적
인 운영을 위해서는 다음과 같은 사항을 고려하여 PMO의 운영 방안을 확정해야 한다.

- PMO 조직의 효율성 제고를 위해 정기적인 실적보고와 의사소통채널 마련
- 사업 관리 위임 또는 발주기관 지원, 기술자문 등 PMO 역할 및 책임 명확화
- 사업자, 감리, 발주자, PMO 등 이해관계자 간의 역할분담과 협업체계 명확화
- PMO 대상 사업범위와 PMO가 수행해야 할 업무의 명확화
- 발주기관의 체계적 사업 관리 지원을 위한 대상사업의 추진 단계별 PMO 역할 정의 등

② 프로젝트 현황 파악 및 PMO 요건 정의

PMO는 사업 환경의 이해와 PMO에 대한 계획을 수립해야 한다. 발주기관이 PMO 도
입 초기에 제공받기 원하는 PMO 서비스의 내용을 명확하게 정리하여 PMO 및 담당 기
관(팀)으로 하여금 운영계획서를 작성하도록 하고, 프로젝트가 진행함에 따라 얼마만큼
충실히 이행하는지를 판단하여 성과 기초자료로 활용하고, 세부적인 성과지표 및 수집
방법은 해당 프로젝트의 요건 및 상황에 맞는 지표를 선정하여 추진토록 한다.

3.1.3. PMO 활동 수행

① 사업기획

사업기획은 발주기관이 사업을 본격적으로 추진하기에 앞서 필요한 개념 및 요구사항
을 상세화하는 단계로 필요한 제도 및 기술을 검토하여 소요자원 및 예산 등을 문서화
하여 사업내용을 구체화한다. 이 단계에서도 PMO가 정보시스템의 상호운용, 공동 활용,

편의성 및 효율성 측면에서 사업계획을 검토할 수 있다. 이 외에도 PMO를 통한 기술평가의 수행 필요성 여부에 대한 판단도 가능하다. "정보시스템의 효율적 도입 및 운영에 관한 법률 시행령" 제8조(기술평가의 대상사업)에 의거 정보시스템 구축사업을 대상으로 사업비가 5억 이상인 경우, 대국민 서비스를 위한 행정업무 또는 민원업무 처리용인 경우, 다수의 기관이 공동으로 구축하는 경우에는 기술평가를 거쳐야 한다.

② 발주 및 계약 관리

발주기관이 사업계획서를 바탕으로 제안요청서 및 안내서를 작성할 때에 불명확한 요구사항을 판단하여 미흡한 부분을 수정 보완하는 역할을 수행할 수 있으며, 최종사업자가 선정되면 분쟁이 발생하지 않도록 협상자료를 검토하거나 계약내용에 대한 검토를 수행할 수 있다. 이 부분에 대해서는 신RFP 제도를 살펴보는 것이 유용하다.

과거에는 공공 SW 사업의 기획단계의 전문성이 부족하여 이러한 결과로 인해, 후속 프로세스 전 단계로 전이되어 사업 관리 부실과 품질저하, 수발주 주체 간 분쟁 초래의 우려가 있었다. 즉, 정보화 사업 기획 시에 부실한 정보화전략 계획(ISP) 결과와 이에 기반을 둔 RFP는 불명확한 요구사항을 가지고 발주하도록 하였으며, 이러한 SW 사업의 요구사항 불명확성으로 인해 수주기업 및 하도급 기업은 과업변경이나 개발일정 지연 등으로 수익성 저하를 감수해야 하고 발주 기관과의 법적 분쟁까지 야기하기도 했다. 요구사항 불명확의 문제는 예산수립, 즉 사업대가의 적정성 확보에 장애가 되어 수주기업의 수익성 저하에 원인이 되고 있다. 사업기획 단계에서 상세 요구사항이 도출되지 못해 사업대가 측면에서도 예산 확보가 어려우며, 확보된 예산에 따라 끼워 맞추기식 대가 기준을 적용하는 것이 현실이다. 또한 많은 발주사들이 긴급 발주를 진행하다 보니 RFP에 명확한 요구사항이 제시되지 못하고, 대부분의 지면에 입찰과 관련된 행정사항이 기술되어 기술평가 시 제안사 간 변별력 측정의 기준이 모호할 수밖에 없었다. 마찬가지로 하도급에 있어서도 하도급업무의 범위가 정해지기 어려워서 하도급 대금규모 산정에 있어서도 비용전가가 발생되는 것이다. 이러한 공공 정보화 사업의 문제점의 근원이 사업기획 단계에 발생한다는 인식은 요구사항 명확화와 사업진행 프로세스 정립의 필요성을 증대시켰다. 이러한 배경하에서 신RFP 방법론을 개발하고 적용하게 된 것이다.

상세 RFP는 SW 사업 제안요청 내용을 개선하기 위해, 정보시스템 구축범위, 기술요건 검토, 요구사항 분석 등을 통해 요구사항을 상세하게 도출하고, 이를 분류(코드화)하여 상세 내용(요구사항 명세, 요구사항 연계, 테스트/검수기준 등)을 명시하는 선진 제안 요청서 작성방법이다. PMO는 요구사항에 대한 분석내용 기반으로 상세 제안요청서(RFP) 작성을 지원하는 노력이 필요한데 대상 SW 사업 기본계획 분석을 통해 업무, 기술/기능요건 및 산출물 요건 등 요구사항을 상세화한 요구명세를 도출해내고, 제안요청서를 작성해야 한다.

※ 단, 기(旣) 발주 또는 사업자 선정된 사업의 경우는 상세 RFP 작성이나 사업자 선정평가기준 수립 지원은 생략될 수 있음.

③ 프로젝트 수행

PMO 조직은 준비된 사업수행계획에 따라 수발주자와 최종 요구사항, 추진일정을 확정하고, 사업추진 단계별로 공정 관리, 품질 관리, 변화 관리, 의사소통 관리 등 프로젝트 관리영역에 투입되어 관리/통제 활동을 통해 사업 성공률과 품질을 향상시키도록 해야 한다. 즉, 사업자가 계약문서에서 정하는 바에 따라 사업수행계획서를 제출하도록 해야 하며, 발주기관과 함께 작성한 사업(단계)수행 계획서에 정의된 항목을 검토하고 프로젝트 관리 수행에 영향을 줄 수 있는 요소를 식별하여 관리해야 한다.

발주기관이 계약의 목적상 변경이 필요하다 판단하여, 과업 변경이 발생했을 때는 PMO가 변경요청내용을 검토해야 하고, 업무 범위에 대한 관리를 수행해야 한다.

그리고 일정 관리와 관련하여 작업분할, 수행주체, 일정 및 산출물의 적정 여부를 검토하고 WBS 정의 내역 및 일정계획 수립이 상호 일관성 있게 수립되었는지 검토해야 하고, 개발방법론과의 정합성 역시 확인해야 한다. 그리고 사업수행의 제약요건 등도 제대로 고려했는지 판단해야 한다. 그리고 발주기관과 함께 일정계획 대비 진척도를 비교 분석하고 진행현황에 대한 확인 노력이 필요하다.

그리고 위험(Risk) 관리계획이 적절하게 잘 수립되어 있는지 검토해야 하는데, 위험(Risk) 목록을 검토하고 검토보고서를 작성하여 발주기관에게 보고하는 역할을 수행한다. 그리고 위험(Risk)에 대한 대응계획이 적절히 수행되고 위험(Risk)에 대한 상태를 지속적으로 추적하고 모니터링해야 한다. 그리고 주간/월간 회의 등과 같은 의사소통 시 위험(Risk)의 긴급도(최상/상/중/하)에 따라 프로젝트 위험(Risk) 관리 위원회 또는 프로젝트 운영위원회와 같은 의사소통 추진체에서 의사결정을 내리는 역할 또한 수행한다.

위험(Risk)에 대한 상태를 프로젝트 전체에 공유하고, 사업자의 이슈 관리 계획서를 검토하여 부적절한 경우 이슈 관리계획을 수정/보완할 수 있도록 조치한다. 그리고 품질 관리 측면에서 품질보증 계획의 타당성, 실현 가능성 등 적정성을 검토하고 사업목표를 근간으로 품질보증 조직, 품질 목표, 베이스 라인 등이 설정되었는지 확인한다. 그리고 품질보증 프로세스가 적정하게 수립되었는지 확인하고 품질보증 계획서에 대한 검토 보고서를 작성한다. 이 외에도 투입인력 관리계획에 대한 적정성 검토, 인력 관리에 대한 현황 검토, 기술협의 검토, 변화 관리 등을 수행한다.

④ 프로젝트 종료

사업자의 검사요청 후 PMO는 발주기관과 함께, 14일 이내 산출물에 대한 검사를 수행한다. 검사결과 수정/보완이 필요하다고 판단한 경우 검사 확인서에 불합격 사유에 대한 구체적 내용을 작성하여 보완을 지시한다.

3.1.4. PMO 업무 종료 및 지속적 개선

① PMO 성과 관리

발주기관이 PMO 도입 초기에 제공받기 원하는 PMO 서비스의 내용을 명확하게 정리하여 PMO 담당기관(팀)과 협의하여 성과 관리 지표를 작성하고, 프로젝트가 진행함에 따라 얼마만큼 충실히 이행하는지를 판단하여 근거자료를 작성하여 활용한다. 세부적인 성과지표 및 수집방법은 해당 프로젝트에서 상황에 맞는 지표를 작성하여 추진토록 한다.

② PMO를 통한 지식 및 기술 전수

내부 인력은 PMO 도입을 통하여 외부 전문 인력과 함께 사업 관리를 수행하면서 사업 관리 수행 중에 작성되는 산출물 및 해당 산출물을 작성하는 과정에서 정의한 절차, 문제점, 해결 방안 등을 통해 지식 및 기술을 자연스럽게 전수받게 된다.

③ 전수지식 및 대상

■ PMO 팀원들이 갖추어야 할 지식을 정의하고, 사업 각 단계를 원활히 추진할 수

있는 지식 등

- 프로젝트를 수행하면서 정의한 지침, 절차, 문제점, 해결 방안 등 공식/비공식 문서
- 외부 PMO 전문 인력의 지식과 기술이 내부 인력들에게 체계적이고 계획적으로 이전되도록 함
- PMO 프로세스가 외부 PMO 전문 인력의 업무 종료 이후에도 지속적으로 유지, 개선될 수 있는 기초 확립 및 이를 통해 차후 내부에서 발생하는 사업들로 확산할 수 있는 토대 마련
- 지식 및 기술 이전은 모든 지식 및 기술을 이전하기보다 핵심 지식 및 기술 중심으로 함

[1] 정보화사업 PMO 운영 관리 매뉴얼, NIA, 2011.

끝맺으며

> "모든 일의 성패는 리더십에 달려 있다. 내가 이 말을 하면 사람들은 이 말을 바꾸려 한
> 다. 거의 모든 일의 성패는 리더십에 달려 있다."
>
> — John C. Maxwell

본문내용과 사례에서 살펴보았지만, PMO는 IT 부서의 프로젝트를 관리하던 작은 조직에서 시작되어 전사 차원에서 기업 내의 다양한 프로젝트를 지원/관리하고 통제하는 조직, 그리고 더 나아가 조직의 미션/비전/전략으로부터 나온 여러 이니셔티브(Initiative)를 관리하는 조직으로 발전하고 있다. 그뿐만 아니라 조직의 변화혁신 프로젝트, R&D 프로젝트, 건설 프로젝트 등에도 영향을 미치고 있다. 미국의 많은 대학들에는 PMO가 존재하며, 일부에서는 연구개발을 위한 R-PMO(Research PMO)라는 조직으로도 활동을 하고 있다. 이러한 PMO를 성공적으로 운영/발전하기 위한 방안을 다시 한 번 살펴보고자 한다.

1. 조직 문화와 PMO

PMO를 도입한 조직에서는 성과를 보여주기 위해, 프로젝트 관리에 대한 확고한 파워를 유지하는 엄격한 PMO를 만들고자 하는 유혹에 빠지기 쉽다. 그러나 PMO에 경험이 있는 분들은 이런 경우에 그 역할이 기본적으로 행정적인 것, 다시 말해 프로젝트를 승인하거나 거부하는 일 또는 프로젝트가 표준 프로세스와 평가기준을 준수하는가를 감시하는 일 등에 중점을 두는 그런 조직을 만들 경우 너무 관료적이어서 반감을 살 수 있다고 말한다. 즉, PMO는 기업문화에 반하지 않는 방식으로 구축되어야 한다. 우리 조직에 잘 들어맞는 PMO를 만들기 위해서는 단번에 원하는 성과를 얻을 수 없기에 인내심을 갖고 단계적으로 발전할 수 있도록 노력해야 한다. PMO 구축 시의 바람직한 방향은 장기적인 관점에서 성과를 높이고 IT 부서로 하여금 계속 그 성과를 개선하도록 촉구하는

그런 조직을 만드는 것이다.

그리고 이러한 PMO가 그 역할을 효과적으로 수행하기 위해서는 PMO 리더십이 필요하다. PMO 리더십을 확보하기 위해서는 비즈니스 성과에 기여할 수 있는 역할과 권한을 명확히 하고, 효율적인 서비스를 위한 관리역량이 필요하다. 다음은 PMO 리더십 확보를 위해 필요한 내용이다.

- 프로젝트를 회사의 전략 및 운영 계획과 직접적으로 연계
- 프로젝트를 관리하기 위한 표준 방법론 제공
- 고위 경영진의 후원/지지 확보
- 프로젝트의 프로세스, 프로젝트 선정, 우선순위 매기기, 실행 등을 각기 책임진 그룹들을 연계
- 비슷한 프로젝트는 비슷한 방법으로 수행되도록 규정
- 프로세스와 프로젝트의 보고 및 추적에 대한 책임자 지정
- 효율적 자원 관리를 위한 프로세스 제공

Source: 미 CIO지/PMI 공동 조사, ciokorea.com(저자 내용 개정)

PMO에게 힘을 실어주기 위해서는 책임자에게 프로젝트와 관련이 있는 고위 중역들을 포함하는 위원회를 만들어주는 것이 필요하다. 이런 위원회가 만들어지면 PMO의 효율성이 높아지고, 이로써 개별 프로젝트들에 대한 지원이 보다 합리적으로 이루어질 수 있다

2. PMO의 발전 방향

PMO는 궁극적으로 <그림 8-1>과 같이 기업의 사업전략에 따라 일관성 있는 프로젝트와 프로그램을 착수시키고 성공적으로 완수할 수 있도록 가치창출 중심의 조직으로 변화해야 한다. 이를 위해 조직의 상층부로부터 단순 지시 성격의 프로젝트 추진이 아니라 전략적 기획과 실행이 순조롭게 진행되도록 PMO가 중간자의 역할을 감당해야 한다.

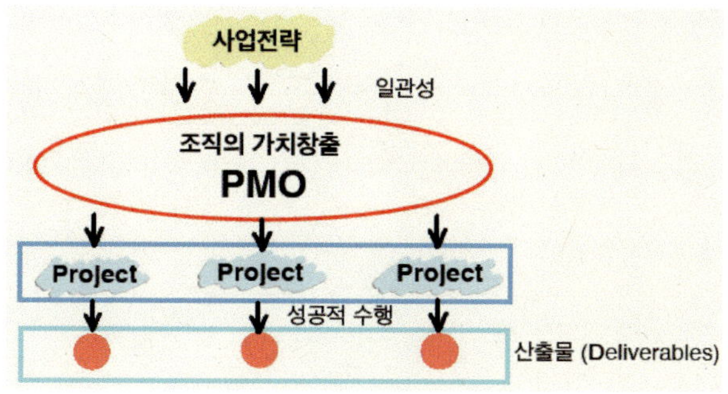

〈그림 8-1〉 조직의 가치창출을 위한 PMO

이러한 PMO의 업무 범위 및 주도권의 변화는 아래의 3가지 단계로 진행될 수 있다.

PMO의 업무 범위는 전술적인 관점에서 시작해 포트폴리오 관리를 하는 전략적인 측면에까지 이르게 되며, 주도권은 IT 관점에서 Business-IT 연계, Enterprise에 이르는 영역으로 확장하게 된다. 이러한 변화는 PMO의 성숙도와 비즈니스 니즈 변화에 기인한다. PMO는 먼저 프로젝트 관리에 대한 프로세스를 정립하고 프로젝트를 계획하고 보고하기에 편리한 기본 툴을 준비해야 한다. 그리고 조직에서는 공식적인 훈련, 코칭, 멘토링을 통해서 경쟁력 있는 프로젝트 관리자를 양성하는 데 자원을 쏟도록 적극적인 지원을 해야 한다. PMO는 먼저 프로젝트 관리에 대한 프로세스를 정립하고 프로젝트를 계획하고 보고하기에 적합한 기본 툴을 준비해야 한다. 그리고 CIO는 공식적인 훈련, 코칭, 멘토링을 통해서 경쟁력 있는 프로젝트 관리자를 양성하는 데 자원을 쏟도록 적극적인 지원을 해야 한다.

기본적인 체계가 잡히면, 여러 프로젝트를 관리할 수 있는 프로그램 관리 오피스(Program Management Office)의 역할을 감당할 수 있다. 프로그램 관리 오피스는 관련된 비즈니스와 IT 프로젝트들을 조정하는 역할을 수행한다. 프로그램은 일반적으로 여러 이해 관계자에게 영향을 미치고 오래 지속되며 외부자원들이 참여하게 되는 경우가 많기 때문에 관리하기가 훨씬 복잡하다. 여러 프로젝트에 걸쳐 가시성 확보와 상호 의존관계에 있는 관련 프로젝트들에서 적합한 비즈니스와 정보시스템 자원들을 제때에 투입할 수 있도록 제도화해야 한다. 기업에서 프로그램 관리 단계로 가기 위해서는 프로젝트 관리에 대한 기능을 제도화해야 한다. 만일 이 단계에서도 대부분의 시간을 프로세스를 만들고 툴을 적용하는 데 사용한다면 그 외 좀 더 중요하고 복잡한 기능을 수행할 수 없을 것이다. 이 단계에서는 CIO가 거버넌스 구조를 확립하고 광범위한 이해 관계자 그룹과의 효과적인 의사소통을 위해서 적극적으로 노력해야 한다. 그리고 커뮤니케이션 허브 (Hub) 측면에서 프로그램 관리 오피스에서는 동일 프로그램에서 일하고 있는 비즈니스와 정보시스템 프로젝트팀 간의 협력을 촉진하는 일에도 노력해야 한다.

다음으로 PMO가 포트폴리오 관리 역할까지 할 때는 PMO 인력은 전략기획, 투자 분석, 이익 실현을 위한 측정, 관리 및 보고 등을 위한 역량이 필요하다. 이뿐 아니라 포트폴리오의 전략과의 연계와 건전도, PMO의 성과, 교훈(Lessons learned) 과 긍정적인 변화를 위한 노력 등도 필요하다. 정리하면, 프로젝트 관리 단계에서는 프로젝트 관리자에 대한 훈련, 코칭, 멘토링 등에 가장 큰 초점을 갖게 되며, 프로그램 관리 단계에서는 종합적인 프로그램 관리 계획을 수립하고, 상위레벨의 거버넌스 프로그램 및 커뮤니케이션 프로그램을 실행하며 성과에 대한 측정뿐 아니라 비즈니스와 IT 프로젝트를 조정하는 역할을 한다. 포트폴리오 관리 단계에서는 이익실현과 지식관리가 가장 빈번하게 발생되는 단계이다. 여기서는 기업의 CIO의 역할이 아주 중요하다. CIO는 PMO가 비즈니스 니즈와 잘 매칭되도록 조정해야 한다.

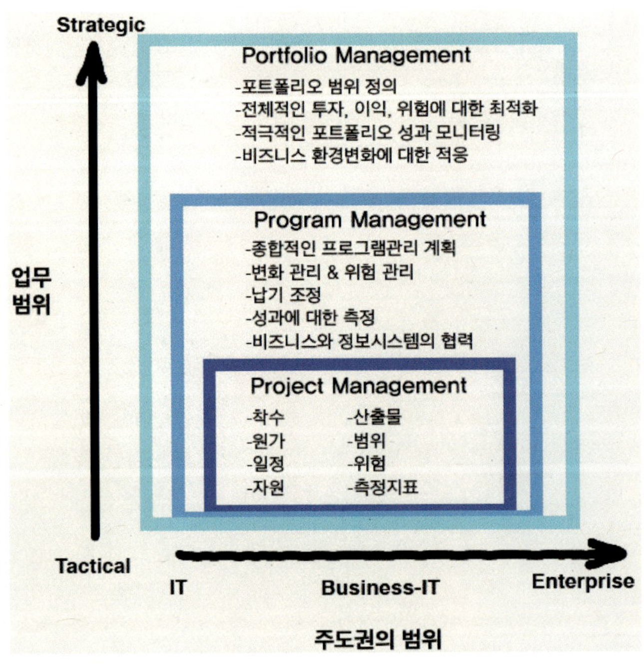

Source: Adapted from New York City Housing Authority(NYCHA)

〈그림 8-2〉 업무와 주도권 관점의 PMO 발전방향

3. PMO 성장 차트

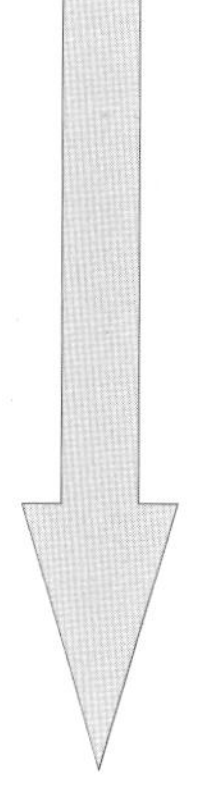

	비전	운영 전략	People	성과 지표
어린아이	개발 중	시행착오	새로운 인력	사용하지 않음
청년기	비즈니스와 일부 일치됨	일부의 계획된 활동	핵심인력과 신규 인력의 조화	약간 사용
사회 초년생	비즈니스 전략과 연계 시작	계획된 활동	응집력 있는 팀	일관되고 반복적인 방법론
성숙한 성인	비즈니스와 완전히 통합됨	잘 정의된 프로세스	뛰어난 성과를 보여주는 팀	개선과 성장에 집중함

Source: PM Network 2007

〈그림 8-3〉 PMO 성장 차트

마지막으로 PM Network 2007에 게재된 내용을 소개하고자 한다.

여러분 조직 내에 PMO를 만들었다고 다 끝이 난 것이 아니다. 현재 우리의 PMO가 서 있는 위치를 파악하고 청년기, 성인이 될 때까지 비전, 운영전략, 인력, 평가지표에 대해서 고민을 해야 하며, 초기에 완벽한 PMO를 꿈꾸기보다는 PMO가 조직의 프로젝트 관리 역량 성숙도에 따라서 진화됨을 인식하고 이에 대한 준비를 하여 PMO가 조직의 문화로 깊숙이 들어가도록 해야 진정한 효과를 보게 될 것이다.

부록: 포트폴리오 관리

"전략은 조직이란 옷감 속에 섞여 함께 직조되어야 한다."

- Tom Peters

1. 포트폴리오 관리

주식투자에서 포트폴리오를 구성한다는 것은 투자의 위험을 최소화하기 위해 주식을 분산 투자한다는 의미를 지닌다. 이 장에서 살펴보고자 하는 포트폴리오는 주식 투자의 관점은 아니지만 위험(Risk)을 고려하여 프로젝트의 적절한 밸런싱을 유지한다는 측면은 유사하다. 포트폴리오를 구성하기 위해서는 조직의 전략적인 방향에 따라 비즈니스 목표를 수립하고 각 사업 부문의 목표 및 뚜렷한 정책과 원칙을 수립해 프로젝트를 추진해 나가는 노력이 필요하다. 이러한 포트폴리오를 관리하기 위해서는 EPMO와 같은 프로젝트 포트폴리오를 관리할 수 있는 기구가 필요하며, 이를 통해 많은 잠재적인 이행과 제들을 살펴보고 전략과 잘 연계된 프로젝트를 추진해 나갈 수 있다.

여기서 조직의 전략과 연계된 가장 상위의 포트폴리오와 이보다 하위 레벨인 프로젝트, 프로그램을 비교해보기로 한다.

2. 프로젝트, 프로그램, 포트폴리오 관리 비교

조직의 전략과 연계된 가장 상위의 포트폴리오와 프로그램, 프로젝트를 비교하면 <표 9-1>과 같이 정리할 수 있다.

프로젝트–프로그램–포트폴리오로 확장되면서 관리 포인트, 관리자의 역할, 성공에 대한 평가기준, 리더십 스타일 등이 사뭇 달라짐을 확인할 수 있으며, 포트폴리오로 갈수록 좀 더 조직의 전략적인 관점에서 프로젝트를 바라보고 통합적으로 관리한다.

〈표 9-1〉 프로젝트, 프로그램, 포트폴리오 관리 비교

	프로젝트	프로그램	포트폴리오
범위	프로젝트는 특정 산출물로 범위가 제한되어 있다	프로그램은 조직의 기대 이익을 만족시키기 위해 변경해야 할 수도 있는 넓은 범위를 가진다	포트폴리오는 조직의 전략적 목표와 함께 변화하는 사업 범위를 가진다
변경관리	프로젝트 관리자는 변경을 최소화하려고 노력한다	프로그램 관리자는 변경을 예상하고 포용해야 한다	포트폴리오 관리자는 광범위한 환경에서 지속적으로 변경을 감시한다
성공의 기준	성공은 예산, 일정 및 요구사항 준수 여부로 측정된다	성공은 ROI(Return On Investment), 신규 기능 및 이익 산출에 의해 측정된다	성공은 포트폴리오 컴포넌트의 통합 성과로 측정된다
리더십 스타일	성공 기준에 부합되도록 작업 산출물 및 지시에 중점을 둔다	관계 관리, 갈등 해결에 중점을 둔다. 프로그램 매니저는 이해관계자 관리의 정치적 면을 조정하고 관리할 필요가 있다	포트폴리오 의사 결정에 가치를 부여하는 데 중점을 둔다
관리 영역	프로젝트 관리자는 엔지니어, 전문가 등을 관리한다	프로그램 관리자는 프로젝트 관리자를 관리한다	포트폴리오 관리자는 포트폴리오 관리 스태프를 관리하거나 조정할 수 있다
주요 역할	프로젝트 관리자는 그의 지식과 기술을 사용해서 동기부여를 하는 팀 플레이어이다	프로그램 관리자는 비전 및 리더십을 제공하는 리더이다	포트폴리오 관리자는 통찰력을 제공한다
주요 역할(실행)	프로젝트 관리자는 프로젝트의 제품 인도를 관리하기 위해 세부 계획을 수행한다	프로그램 관리자는 상부 계획을 세워 세부 계획이 생성되는 프로젝트들에 대한 가이드를 제공한다	포트폴리오 관리자는 통합 포트폴리오에 관련되어 필요한 프로세스와 커뮤니케이션을 생성하고 유지한다
모니터링 및 컨트롤	프로젝트 관리자는 프로젝트 제품을 생산하는 작업을 감시하고 통제한다	프로그램 관리자는 감시 구조를 통해서 프로젝트들을 지속적으로 감시한다	포트폴리오 관리자는 통합성과 및 가치 지표를 감시한다

3. 포트폴리오 관리 프로세스

포트폴리오 관리 프로세스는 전략적 사업 목적을 달성하기 위해 프로젝트, 프로그램 및 기타 관련 작업들을 파악(Identify), 우선순위 결정(Prioritize), 승인(Authorize), 관리(Manage) 및 통제(Control)하는 프로세스로 구성된다.

포트폴리오 관리는 다음과 같은 특성을 갖는다.

- 조직의 전략적 목표에 맞추어 자원이 할당되고 배분된다.
- 새 프로젝트는 기존 프로젝트와 비교하여 평가/선정되고, 우선순위가 결정된다.

- 기존 프로젝트는 일정을 당기거나 취소되거나 우선순위가 낮아질 수도 있다.
- 포트폴리오 관리는 동적 의사결정 프로세스 구조를 갖는다.
- 포트폴리오 내의 프로젝트 리스트는 끊임없이 업데이트되고 변경된다.

이와 같은 포트폴리오 관리를 좀 더 구체적인 단계별로 살펴보면 아래의 <그림 9-1>과 같이 설명할 수 있다. 그 첫 번째 단계는 포트폴리오 관리를 위한 전략 계획을 수립하는 것이다. 두 번째 단계는 이러한 전략 계획 내에서 포트폴리오를 식별하고 범주화하며 평가하여 포트폴리오를 결정하는 것이다. 세 번째 단계는 주기적으로 포트폴리오를 모니터링하면서 적절한 조치를 취하는 단계다. 그리고 마지막으로는 포트폴리오의 컴포넌트를 수행하고 이에 대한 보고를 하는 단계이다.

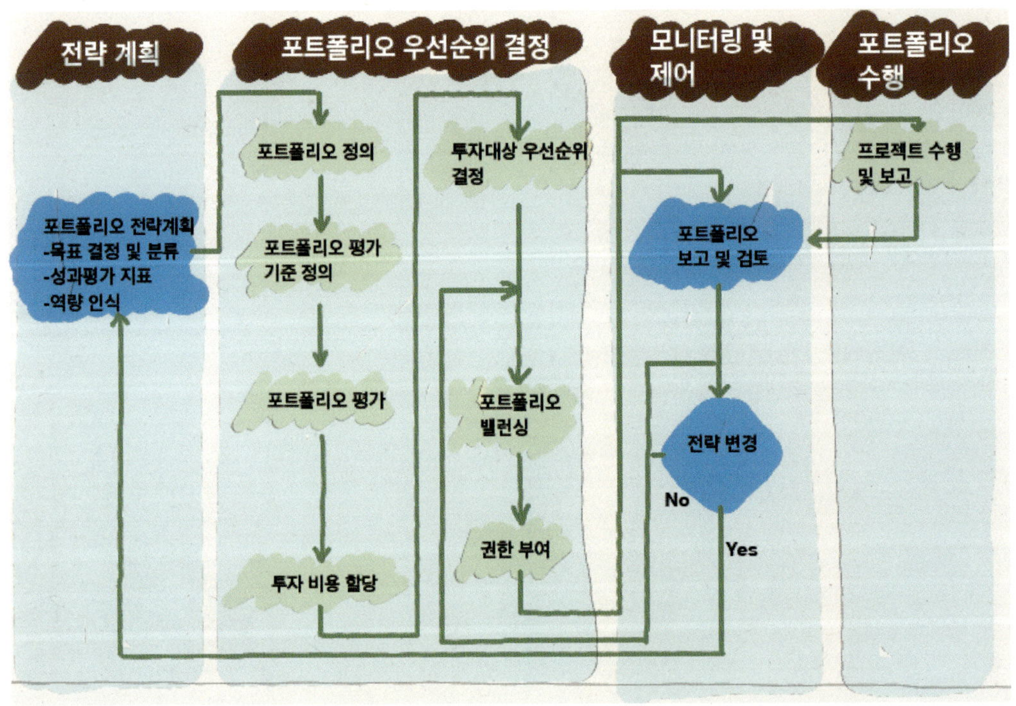

저자 개정, Source: PMI, 2006, Portfolio Management Processes—High Level Illustration

〈그림 9-1〉 포트폴리오 관리 프로세스

① 전략 계획 수립

프로젝트 포트폴리오가 비즈니스 목표(기업의 미션, 비전 및 중장기 목표)와 잘 연계될 수 있도록 전략 계획을 수립하는 단계로, 포트폴리오가 외부 환경 변화에 유연하게 대응하고, 경쟁우위를 유지할 수 있도록 내부 자원을 효율적으로 활용하는 것이 중요하다. 목표 달성을 위해 전략을 구성하고 분석하며, 프로젝트 수행을 통해서 이러한 전략을 실행으로 옮기게 된다. 그리고 프로젝트 수행 시에는 해당 PM이 프로젝트 수행과정의 적절한 의사결정을 위하여 조직의 전략을 잘 이해하고 있어야 한다.

② 포트폴리오 우선순위 결정

여기에는 포트폴리오의 컴포넌트와 컴포넌트 목록을 만드는 포트폴리오에 대한 정의, 그룹별 공통의 목표와 컴포넌트 프로파일을 비교하여 포트폴리오의 분류 그룹을 만드는 포트폴리오 범주화(Categorization), 포트폴리오 가치를 산정하는 평가, 위의 과정을 통해서 포트폴리오를 선택하는 선정(Selection), 각 그룹별로 경중에 따라 컴포넌트 목록을 만드는 우선순위화(Prioritization), 포트폴리오의 균형을 맞추는 최적화(Balancing), 컴포넌트를 수행하도록 허락하는 승인(Authorization)으로 이루어져 있다.

포트폴리오 관리 프로세스-자세히 살펴보기!

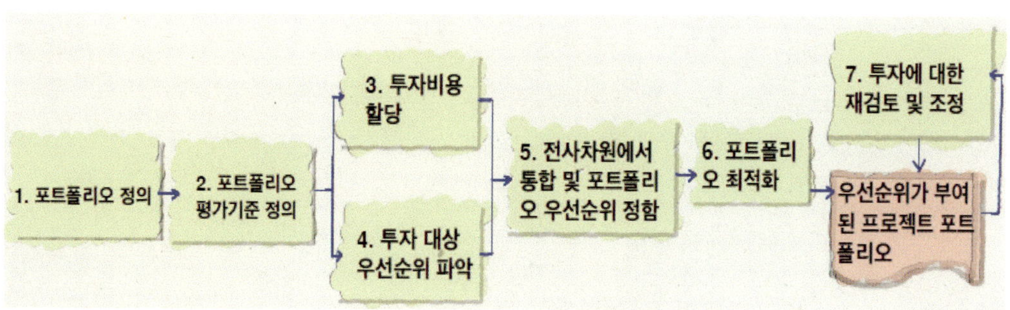

〈그림 9-2〉 포트폴리오 관리 프로세스

프로젝트 포트폴리오 관리 프로세스를 자세히 살펴보면 다음과 같다.

- Step 1: 포트폴리오 정의
    - √ PMO는 사업상 우선순위와 이익을 반영하여 포트폴리오를 정의한다.
    - √ 포트폴리오 관리 대상이 되는 컴포넌트를 식별하는 것이다. 평가를 하고, 우선순위를 정한다.

- Step 2: 포트폴리오에 대한 평가기준(Assessment Criteria) 정의
    - √ 포트폴리오의 투자평가에 대한 기준을 개발하고, 다른 기준과 비교하여 밸런스를 유지한다.
    - √ 포트폴리오 관리 대상이 되는 컴포넌트에 대한 평가 기준을 개발하고, 평가를 실시한다.

- Step 3: 투자비용 할당(Investment Spending Allocation)
    - √ 비즈니스의 전략적 목표를 달성하기 위한 포트폴리오 투자에 지출 가능한 비용을 할당한다. 필요에 따라서 실제할당은 전체적인 투자 밸런스를 맞추기 위해서 Step 6에서 재조정될 수 있다.
    - √ 포트폴리오 관리 대상이 되는 컴포넌트에 대한 비용을 할당한다.

- Step 4: 투자 대상 우선순위 매기기(Rank Current and Potential Investments)
    - √ 사업 부서에서는 사업 가치와 중요도에 따라서 각각의 포트폴리오의 우선순위를 정한다.
    - √ 포트폴리오 관리 대상이 되는 컴포넌트에 대한 우선순위를 결정한다.

- Step 5: 전사 차원에서 포트폴리오를 통합하고 우선순위를 정함
    (Consolidate and Rank Portfolios at the Enterprise)
    - √ 각각의 사업부에서 자금에 대한 요청이 들어오면 일단 Step 4에서 강제로 순위가 매겨지며, 전사 차원에서는 각각의 포트폴리오 기준에 따라 통합 포트폴리오를 구성하게 된다. 그리고 다른 사업부의 프로젝트들과 비교하여 우선순위가

매겨진다.
- ✓ 상위수준의 우선순위 기준(High-Level prioritization criteria)은 상위 경영진(Senior management)에 의해서 수립되도록 해야 한다.

- **Step 6: 포트폴리오 컷오프 최적화(Portfolio Cutoff Optimization)**
  - ✓ Step 5의 결과로 어떤 프로젝트는 자금지원이 되며, 어떤 프로젝트는 자금지원이 안 될 수도 있다. 이렇게 결정한 사항이 최적의 결과를 얻지 못할 때에는 상대적인 랭킹은 조정되어서 일부가 교체될 수 있다. 그리고 임의재량의 자금할당 또한 조정될 수 있다.
  - ✓ 프로젝트 간 연관관계, 자원/예산 등의 제약 조건을 고려하여 최적의 포트폴리오를 구성하고 실행한다.

- **Step 7: 지속적인 투자에 대한 재조정(Ongoing Investment Rebalancing)**
  - ✓ 비즈니스 상황이 안 좋을 시에는 자금사정이 어렵게 되며, 이때에는 전략적인 우선순위에 변화가 있게 된다. 따라서 새로운 우선순위에 따른 재조정은 불가피하다.

포트폴리오의 평가 기준에는 다음과 같은 분류기준을 참고하여 범주(Category)를 만들 수 있다.

- 수익 증가, 비용 감소 등에 대한 재무적인 측면
- 장기, 단기, 중기 등의 투자 시기 측면
- 시장점유율, 내부효율 등의 사업목적 측면
- 그리고 각 범주에는 다음과 같은 하위 범주를 둘 수 있다.
  - ✓ 규모(예: 노력공수, 예산)
  - ✓ 기간
  - ✓ 컴포넌트 유형(예: 프로젝트, 프로그램, 기타 업무)
  - ✓ 단계

평가(Evaluation)에는 다음과 같은 지표를 사용할 수 있다.

- ■ 비즈니스 관점
    - ✓ 전략적 연계성
    - ✓ 생산성
    - ✓ 프로세스 개선
    - ✓ 경쟁우위
    - ✓ 비즈니스 영향력
    - ✓ 내부직원 만족
    - ✓ 고객 만족
    - ✓ 지적 자산 관리
- ■ 재무적인 관점
    - ✓ 매출증대
    - ✓ NPV(Net Present Value)
    - ✓ ROI(Return on Investment)
    - ✓ IRR(Internal Rate of Return)
    - ✓ 회수기간(Payback Period)
- ■ 마케팅 관점
    - ✓ 브랜드 가치 향상
    - ✓ 기존 제품라인에 대한 영향력
    - ✓ Market Share
    - ✓ Timing/시장성
- ■ 기술 관점
    - ✓ 기술적 타당성
    - ✓ 복잡성
    - ✓ 개발비용/예상수익

이렇게 포트폴리오에 대한 평가를 진행하여 최종후보를 선정하게 되는데, 선정 (Selection) 단계에서 활용되는 방법은 다음과 같다.

단순하게는 <그림 9-3>과 같이 단일기준 우선순위 모델(Priority Model)을 활용해 두 개의 프로젝트를 비교해 나갈 수 있다. 각 프로젝트별로 타 프로젝트 대비해서 우선순위가 있으면 1, 그렇지 않으면 0의 값을 부여해서 그 값의 합산을 통한 프로젝트 우선순위를 판별하는 방식이다.

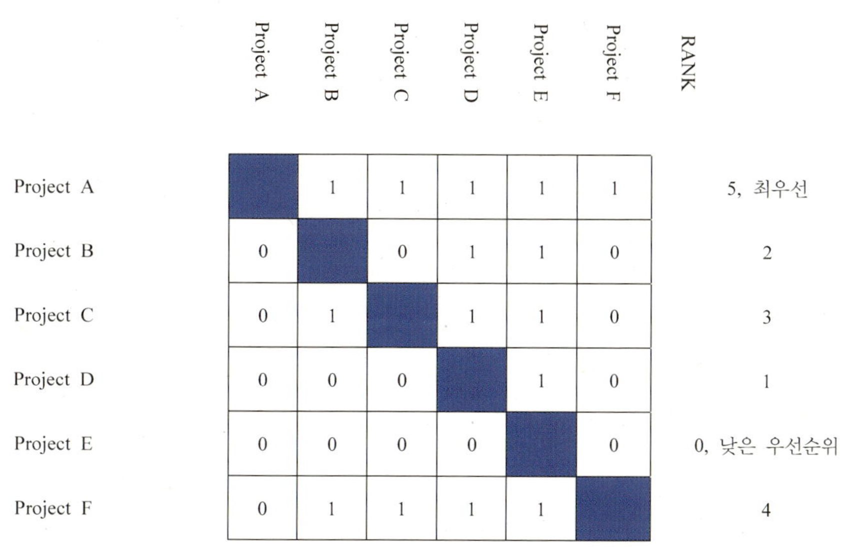

	Project A	Project B	Project C	Project D	Project E	Project F	RANK
Project A		1	1	1	1	1	5, 최우선
Project B	0		0	1	1	0	2
Project C	0	1		1	1	0	3
Project D	0	0	0		1	0	1
Project E	0	0	0	0		0	0, 낮은 우선순위
Project F	0	1	1	1	1		4

〈그림 9-3〉 단일기준 우선순위화 모델

하나의 기준으로 결정하기 어려울 경우에는 다음과 같이 여러 평가기준을 통해 전체 우선순위(Priority)를 결정할 수도 있다. <그림 9-4>에서 점수는 각각의 평가기준(1~4)에 의해서 정해진 우선순위에 대한 평균값을 나타내고 있다.

Projects	평가기준 1		평가기준 2 Probability of success		평가기준 3		평가기준 4		우선순위	
	측정치	순위	결과	순위	중요도	순위	Measure	순위	점수	우선순위
Project 1	16.0	2	8.8 ($11M x 80%)	2	5(++)	1	2M$	1	1.50	1
Project 2	14.0	4	18.9 ($21M x 90%)	1	4	2	2.5M$	2	2.25	2
Project 3	15.5	3	8.45 ($13M x 65%)	3	2	4	3M$	3	3.25	3
Project 4	19.0	1	5.95 ($7M x 85%)	4	1(--)	6	4.3M$	4	3.75	4
Project 5	10.0	6	5.4 ($6M x 90%)	5	3	3	5.2M$	6	5.00	5
Project 6	12.0	5	2.1 ($3M x 70%)	6	1.5	5	4.6M$	5	5.25	6

〈그림 9-4〉 다중기준 우선순위화 모델

위의 우선순위 선정에는 투자대비 효과(ROI), 위험(Risk), 전략적 가치 등이 평가기준이 될 수 있다.

포트폴리오 최적화(Balancing)는 조직 관점에서 포트폴리오를 다시 한 번 바라보는 것으로, 비즈니스 전략, 시장성, 내부스킬 및 자원, 필수 수행 여부 등을 다시 한 번 살펴보고, 포트폴리오를 재구성하는 활동을 수행한다.

<그림 9-5>는 포트폴리오 최적화에 유용하게 쓰일 수 있는 도구인데, 각각의 원은 프로젝트를 의미하여, 원의 사이즈는 원가(Cost)나 순 현재가치(NPV)처럼 부가적인 정량적 의미를 부여할 수 있다. 그리고 원의 색은 특정한 범주(Category)나 다른 정성적인 기준으로 사용할 수 있다.

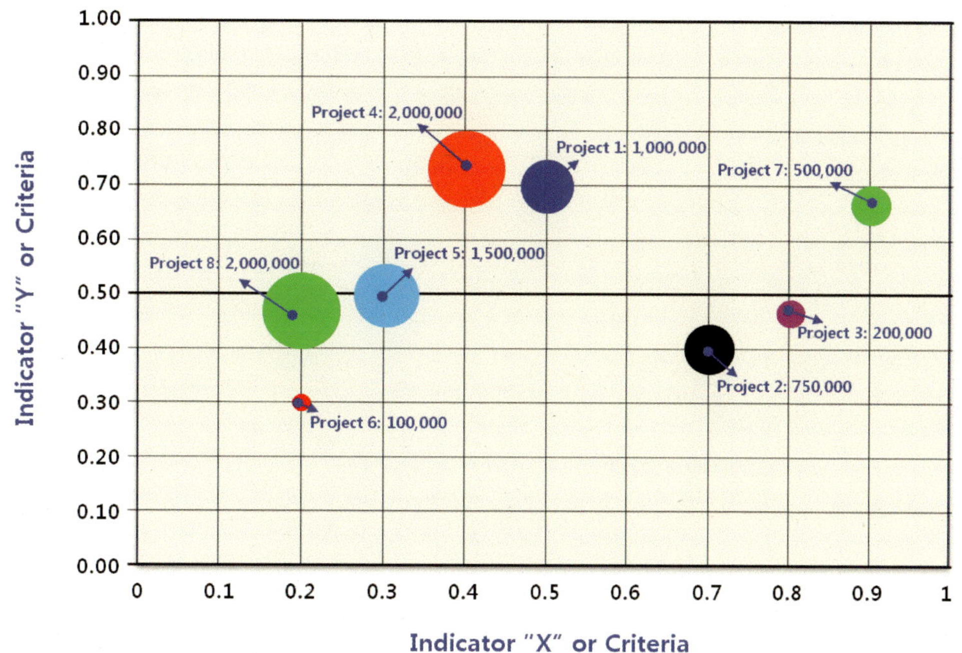

〈그림 9-5〉 지표 및 범주화에 따른 포트폴리오 최적화

만일 부서별 투자의 균형을 맞추기를 원한다면 <그림 9-6>의 형태로 최적화를 진행해볼 수 있다.

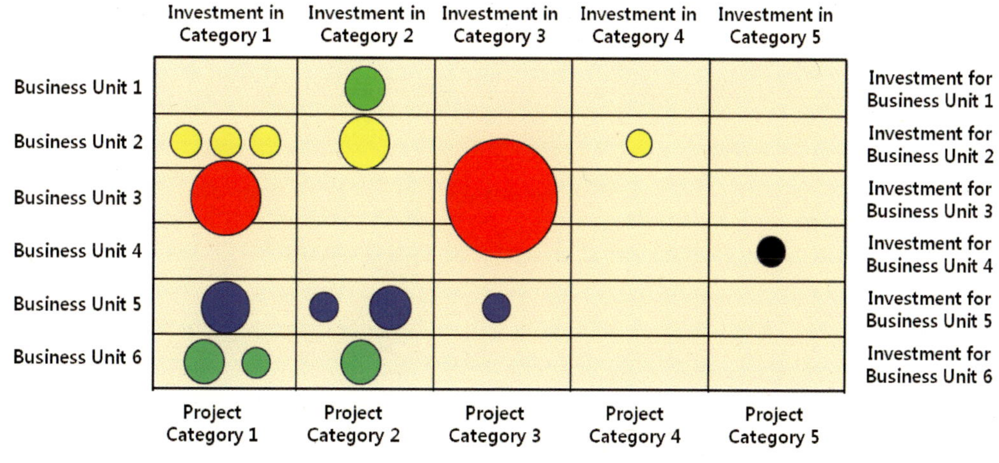

〈그림 9-6〉 전략적 범주와 타겟팅된 부서 관점의 포트폴리오 최적화

③ 감시 및 통제

포트폴리오 검토 프로세스를 통해 포트폴리오 최적화 관점에서 한 번 더 검토를 수행한다.

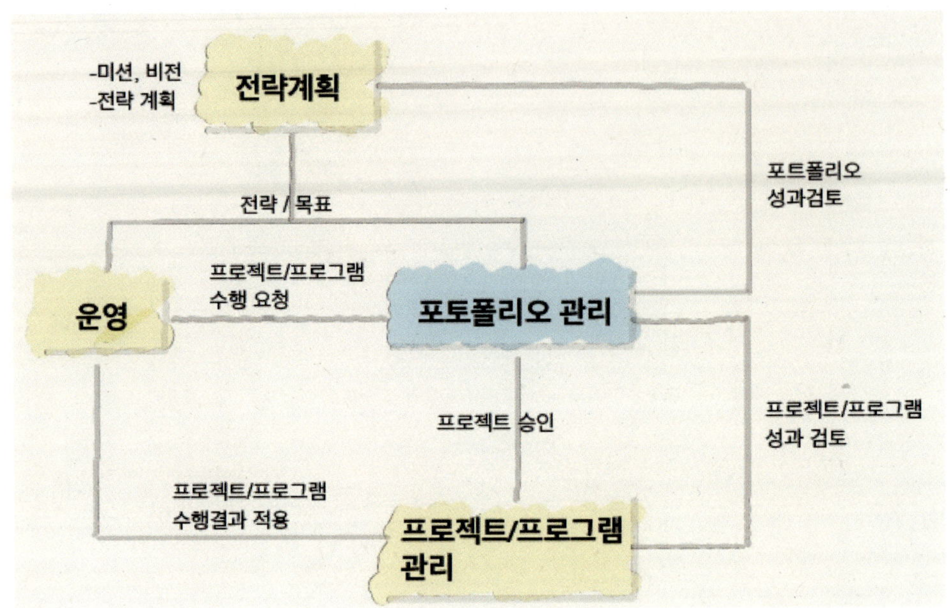

〈그림 9-7〉 포트폴리오 리뷰 프로세스

만일 중간 과정에서 전략적인 변화가 발생했을 때에는 새로운 전략 계획 수립에 의해 포트폴리오를 재구성할 수 있다. 그리고 <그림 9-7>과 같이 포트폴리오 관리에서 프로젝트가 승인되면 해당 프로그램과 프로젝트가 수행되는 것이다.

- 컴포넌트 성과를 지속적으로 모니터링하고 조직 내/외의 주요 전략적 변화에 따라 포트폴리오 구성 변화를 관리한다. 2단계(Prioritization)와 3단계(Execution) 사이에 표시된 반복적인 사이클은 포트폴리오에 대한 검증(Validation)을 통하여 우선순위 및 일정을 변경할 수 있음을 나타낸다. 따라서 큐(Queue)에 있는 프로젝트의 위치는 변경이 가능하다.

④ 포트폴리오 수행

포트폴리오 컴포넌트를 수행하고 이에 대한 보고를 실시한다.

이와 같은 포트폴리오는 프로그램이나 프로젝트의 수행으로 세분화된다. 다음은 프로그램을 수행할 때, 각 단계에 대해 도표로 그린 것이다. 프로젝트를 수행하는 과정도 이와 유사하다.

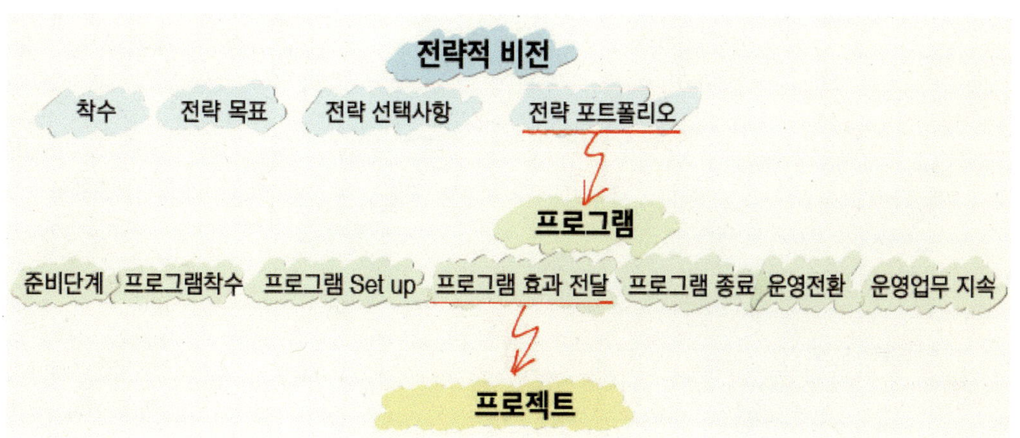

Source: The standard for program management 2ndedition

〈그림 9-8〉 컴포넌트(Portfolio, Program, Project)의 수행

● 준비단계

- 프로그램의 전략적인 혜택(Benefit)에 대한 이해
- 프로그램 착수를 위한 계획 개발
- 프로그램 목표 정의 및 조직의 목표와 연계(일치)
- 프로그램의 니즈, 타당성에 대한 이해 및 프로그램의 정당성에 대한 비즈니스 사례 개발

● 프로그램 착수단계

- 정당성: 프로그램이 필요한 이유와 무엇을 달성하고자 하는지 명확화
- 비전: 향후의 모습에 대한 그림 및 조직에 어떠한 혜택(Benefit)을 제공할 것인지 파악
- 전략적 연계: 주요 전략적인 동인이 무엇인지, 조직의 전략적 목표와 프로그램의

연관성 파악

- **성과**: 비전 달성을 위한 주요한 성과물이 무엇인지 파악
- **범위**: 프로그램 안에 포함되어야 하는 것과 포함되지 않는 부분에 대한 구분
- **가정과 제약**: 가정에 대한 부분이 무엇이고, 주요 제약사항이 무엇인지에 대한 식별
- **위험과 이슈**: 초기 위험과 이슈사항이 무엇인지 기술
- **개략 일정**: 주요 마일스톤을 포함한 프로그램의 전체 기간에 대한 파악
- **필요 자원**: 예측한 프로그램 비용과 자원(인력, 훈련비, 부가적인 지원비용 등)
- **이해당사자 고려**: 파악된 이해 관계자에 대해 어떻게 관리할 것인가를 정해야 하며, 이 부분은 프로그램 커뮤니케이션 플랜의 기초가 될 수 있음
- **프로그램 거버넌스**: 프로그램을 관리하고 컨트롤하고 지원하기 위한 바람직한 거버넌스 구조로, 프로그램 거버넌스는 요구사항에 대한 보고를 포함한 프로젝트와 다른 프로그램 컴포넌트를 관리하기 위한 적절한 거버넌스 구조가 필요함

● 프로그램 Set up

- **목적**: 프로그램 상세 실행계획을 정의하고 프로그램 실행에 대한 승인 획득
- **실행계획 포함항목**
  - √ 필요 프로젝트와 일정 로드맵
  - √ 비용과 예상 기대효과
  - √ 관련 이슈와 위험
  - √ 프로그램의 종속성, 이슈 및 위험
  - √ 프로그램 관리 및 실행 방법
- **주요 활동**
  - √ 기업의 목표와 프로그램의 미션(Mission), 비전(Vision), 가치(Value)의 연계
  - √ 초기 비용 및 일정계획 수립
  - √ 기술적, 경제적, 사회적 타당성 조사
  - √ 구매 의사 결정, 외주 선정 등을 위한 원칙 정의
  - √ 이해당사자의 프로그램 지원에 대한 합의 획득

- 단계 산출물
    - ✓ 프로그램 범위정의서
    - ✓ 프로그램 일정계획
    - ✓ 외부 자원조달 계획
    - ✓ 내/외부 자원 및 인력 활용 계획
    - ✓ 비용 산정 및 할당
    - ✓ 위험 관리 계획
    - ✓ 필요 컴포넌트(프로젝트) 식별과 정의
    - ✓ 프로그램 관리계획 승인
    - ✓ 프로그램을 위한 사전 팀 구성

- 프로그램 효과전달

- 목적: 프로그램의 컴포넌트인 프로젝트의 착수/수행과 프로젝트 간 조정
- 주요 활동
    - ✓ 프로젝트 거버넌스 구조 정립과 모니터링, 통제
    - ✓ (프로그램 목표 달성을 위한) 프로젝트 착수
    - ✓ 프로그램 수행에 따른 "AS-IS"에서 "TO-BE" 상태로의 변화 관리
    - ✓ 프로젝트의 산출물 요구사항 준수 여부 확인
    - ✓ 프로젝트 관리 방법론의 준수 확인
    - ✓ 프로그램 수행환경 변화 모니터링
    - ✓ 프로젝트, 프로그램 간 공통/연관업무의 협업 및 자원의 효율적 사용 확인
    - ✓ 이슈 및 위험식별과 적절한 완화활동의 수행
    - ✓ 변경요청 검토 및 승인
    - ✓ 이해당사자, 프로그램 거버넌스 위원회와 의사소통
    - ✓ 예상 기대효과 모니터링 및 시정조치(Corrective action)를 위한 임계치(Thresholds) 설정

- 프로그램 종료

  - 목적: 프로그램의 체계적 마감(종료)
    - √ 이해 관계자(스폰서)와 함께 프로그램 효과 검토
    - √ 조직, 인력, 인프라 재배치
    - √ 운영조직, 고객지원 방안 정의(이슈, 결함 발생 시)
    - √ 교훈사항 정리
    - √ 프로그램 자료/문서 정리
    - √ 운영 이관 관리

  - 프로그램의 마무리 시점에는 실제 프로젝트를 완료하는 데 걸린 시간과 프로젝트 사이즈, 그리고 어떤 기능, 어떤 요구사항을 제공했는지 등을 살펴본다. 그리고 품질과 결함지표를 수집한다. 가능한 컴포넌트는 재사용을 위해서 좀 더 체계화를 하고, 결함률이나 지연이 계속해서 증가하면 경고신호(Warning signal)를 보낸다.

4. 조직 내 포트폴리오 관리의 역할

  - 조직 거버넌스와의 연계

    - √ OECD Principles에서는 21세기 선진기업으로서 기업지배구조 체계를 제대로 갖추고자 한다면 반드시 IT Governance를 함께 도입하여 추진하도록 권고하고 있다. 기업지배구조(Corporate Governance)란 넓은 의미로 주주, 경영자, 채권자, 근로자, 소비자, 지역주민 등 기업관계자들 간의 이해를 조정하는 메커니즘을 말하고, 좁은 의미로는 기업의 소유와 경영의 분리로 인하여 발생하는 주주와 경영자 간의 이해상충을 해결하기 위한 제도적 장치와 운용체계를 말한다. 이러한 기업지배구조에서의 관건은 경영자를 어떻게 합리적으로 감시/감독하는가에 달려 있다고 할 수 있다.
    - √ IT Governance는 IT를 바람직하게 사용할 수 있도록 의사결정 권한과 책임을

정립하는 것으로, 비즈니스 전략 및 목표와 잘 연계하여 IT 관련 투자 및 리소스를 동기화하고 목표달성을 위해 조직/프로세스를 전사적 관점에서 민첩하게 대응하도록 하고 있다.

✓ 그리고 이러한 IT Governance를 이루기 위한 중요한 요소로 포트폴리오 관리가 위치한다.

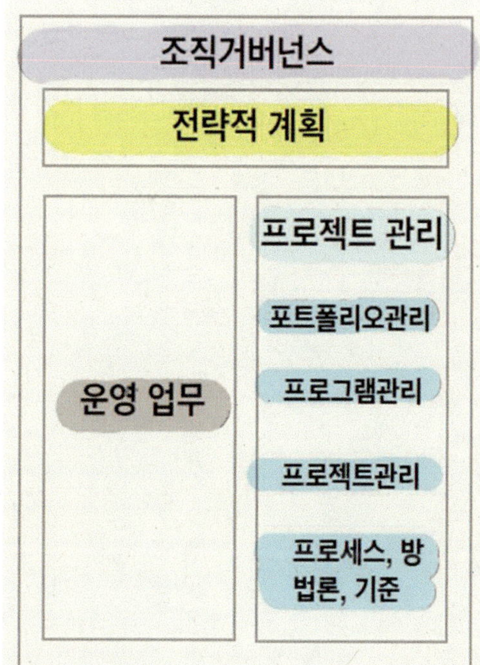

Source: PMI, 2006

〈그림 9-9〉 조직 거버넌스와 포트폴리오 관계

포트폴리오 관리는 조직 내에서 사용되는 여러 거버넌스 방법 중 하나이다. 거버넌스는 목표를 달성하기 위한 활동들을 조직하고 수행하도록 프레임워크를 생성하고 사용하는 일관되고 알기 쉬운 방법이다. 조직의 거버넌스는 조직의 권한, 행동 지침 및 작업 프로토콜을 제한해서 조직이 전략적 목표를 향해 한 방향으로 나아가고 예상한 이익을 실현하기 위해서 사용한다.

조직 거버넌스는 특정 목적을 지원하기 위해 조직의 여러 단계에서 발생한다. 이러한 목표들은 조직의 전략 계획 단계에서 정의한다. 이 프로세스는 운영(지속적인 조직 활동) 또는 프로젝트를 통해 목표를 달성하는 방법을 정의하고 또한 어떻게 관리할 것인가를 정의한다. 운영업무나 프로젝트 관리에 있어, 모든 거버넌스 단계는 각 조직 활동들이 궁극적으로는 조직의 전략과 연계되도록 되어 있다.

조직 거버넌스는 프로세스를 거버넌스 하기 위한 단계 검토 회의를 포함하고 포트폴리오, 프로그램 및 프로젝트 도메인을 포함한다.

포트폴리오에 관한 거버넌스에는 다양한 역할 및 책임(Roles & Responsibilities)이 있다. 최고 경영진, 포트폴리오 관리, 프로그램 관리, 프로젝트 관리 및 운영업무 모두 중요하며 상호 밀접하게 연결되어 있다. 이러한 관계들은 <그림 9-10>에 나타난다. 규모가 작은 조직에서는 최고 경영진 및 포트폴리오 관리자가 같은 영역의 역할에 포함될 수도 있다.

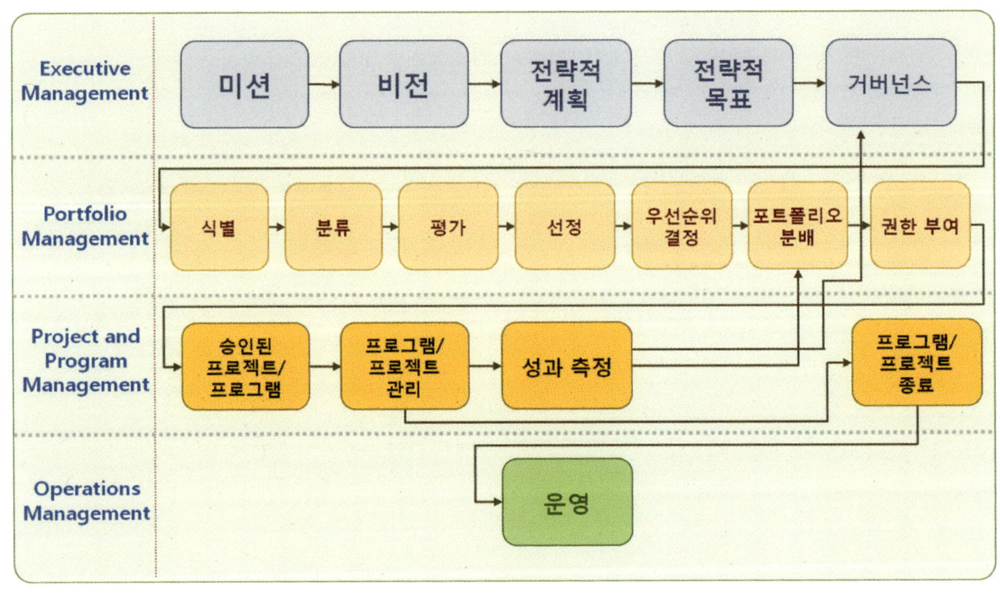

〈그림 9-10〉 전사적인 포트폴리오 관리 프로세스 관계

■ 포트폴리오 관리와 운영업무의 연결

포트폴리오 관리는 다수의 조직 기능에 영향을 미치고 상호작용을 한다. 기능 그룹은 포트폴리오의 이해 관계자가 될 수 있고, 다양한 컴포넌트의 스폰서로 역할을 할 수도 있다. 그리고 운영 예산은 포트폴리오 컴포넌트를 지원하기 위해 자원 할당을 포함해서 포트폴리오 관리 결정에 영향을 받을 수 있다.

"운영업무"는 일상적인 조직 활동을 설명하는 데 사용되는 용어이다. 이는 프로젝트에 반드시 적용되지 않는 프로세스를 포함한다. 그렇지만 운영업무에 사용되는 프로세스는 포트폴리오 컴포넌트들의 수행 결과이다. 컴포넌트 결과나 산출물은 조직이 포트폴리오의 계획된 이익을 실현하기 위해 필요한 지속적인 작업의 결과이다. 이러한 작업들이 효과적으로 관리되지 않는다면, 특정 컴포넌트를 착수하는 데 기대되는 가치가 실현되지 않을 것이다. 포트폴리오 관리 프로세스는 반드시 운영 이슈, 프로세스 및 결과를 관리 사이클 전반에 걸쳐 고려해야 한다.

■ 포트폴리오 관리, 프로그램 및 프로젝트 관리 연결

프로그램 및 프로젝트 관리는 개별 컴포넌트의 계획 대비 실제 일정, 노력 및 예산을 비교해서 잠재 문제를 예상하고, 올바른 활동이 발생하는지 분석 내용들을 포트폴리오 관리에 보고한다. 이 정보는 포트폴리오 검토에 사용되어 필요한 행동을 결정한다. 프로그램 및 프로젝트 관리는 포트폴리오 관리와 같이 작업해서 종료기준(Phase gate)을 포함해서 제안된 현재 컴포넌트에 대한 "go/no go"를 결정하는 기준이 된다. 프로그램 및 프로젝트 관리는 포트폴리오 관리와 같이 작업해서 역량 계획에 자원 요구사항(인력, 재무 및 물리적 자산)을 포함하기도 한다.

포트폴리오는 전략적 목적을 달성하기 위해 프로젝트(단독 또는 프로그램 내에서)에 의존한다. 프로젝트 관리, 프로그램 관리, 또는 포트폴리오 관리의 정기적 일정 검토 및 계획되고 지속적인 의사소통은 적절한 자원들이 할당되고 허가된 컴포넌트에 배정되도록 한다.

■ 포트폴리오 관리자의 역할

일반적으로 상위 관리자나 상위 경영진인 포트폴리오 관리자는 <그림 9-11>과 같은
방식으로 배정된 포트폴리오 모니터링 및 관리에 대한 책임이 있다.

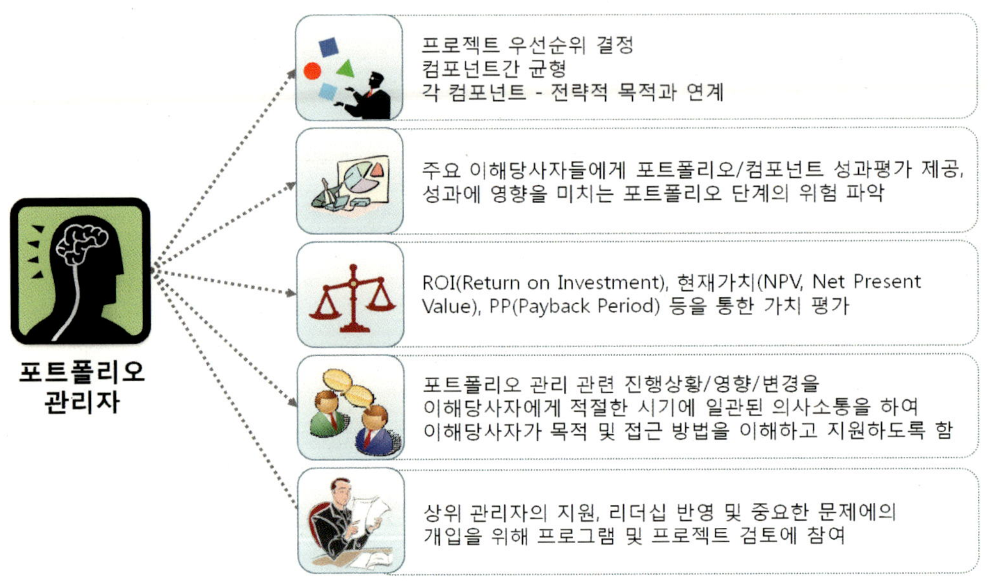

〈그림 9-11〉 포트폴리오 관리자의 역할

✓ 프로젝트 우선순위 결정에 주요한 역할을 하고 컴포넌트들의 균형을 맞추고 각
컴포넌트가 전략적 목적과 연계되도록 한다.
✓ 주요 이해 관계자들에게 적절한 시기에 포트폴리오, 컴포넌트 성과 평가를 제공
하고, 성과에 영향을 미치는 포트폴리오 단계의 위험을 파악한다.
✓ ROI(Return on Investment), 순 현재가치(NPV, Net Present Value) PP(Payback
Period) 등으로 조직에 대한 가치를 평가하고 이해 관계자의 현재 또는 미래의
교육적 요구를 달성한다.
✓ 포트폴리오 관리와 관련된 진행상황, 영향 및 변경을 이해 관계자에게 적절한
시기에 일관된 의사소통을 해서 이해 관계자가 목적 및 접근 방법을 이해하고
지원하도록 한다.

✓ 상위 관리자의 지원, 리더십을 반영하고 중요한 문제에 개입하기 위해 프로그램
및 프로젝트 검토에 참여한다.

5. 전략실행을 위한 마스터플랜

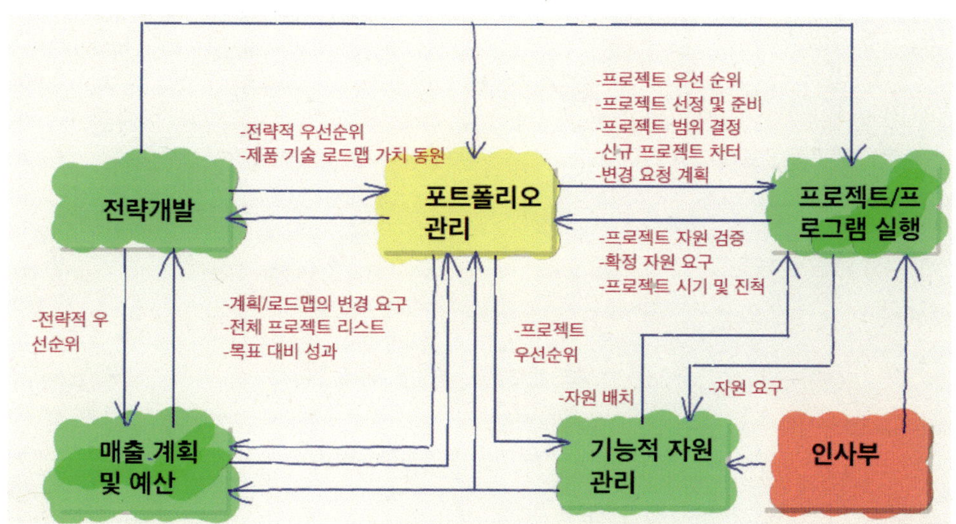

〈그림 9-12〉 포트폴리오 관리의 마스터플랜

조직에서는 전략을 개발하고 이러한 전략적 우선순위, 제품 기술에 대한 로드맵, 가치에 대한 이니셔티브(Initiative)를 통하여 전체적인 포트폴리오를 수립하여 관리하는데, 포트폴리오 관리에서 핵심은 프로젝트에 대한 우선순위 결정 그리고 이에 따른 프로젝트 선정작업에 있다. 필요에 따라서 리뷰를 통하여 전략적 우선순위는 변경이 가능하며, 이에 따라 수행되는 프로젝트 리스트도 바뀌게 된다. 그리고 프로젝트 수행 인력에 대한 관리도 아주 중요한 요소이다.

이에 대한 주요 역할과 책임(Role & Responsibility)을 살펴보면 아래 〈그림 9-13〉과 같다.

사업전략을 성공적으로 구현하고 싶다면 프로젝트 관리를 조직적으로 통제하는 것이 필요하다. 경영층에서는 전략을 수립하고 인적자원 및 예산편성에 대해서는 기능 부서장의 허락을 받아야 한다. 그리고 포트폴리오 검토팀에서는 프로젝트에 대한 우선순위

를 결정하고, 프로젝트 관리팀은 실제 프로젝트에서의 계획, 수행 및 추적관리를 한다. 조직의 능력은 전략을 실행시키는 데 있다.

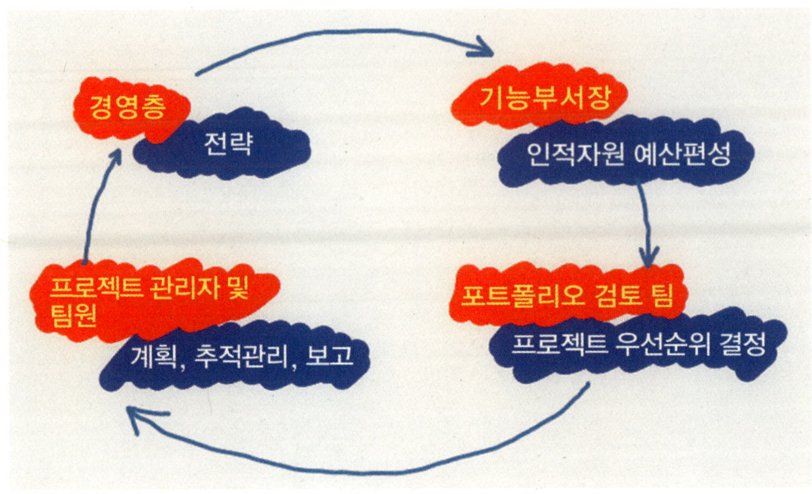

〈그림 9-13〉 포트폴리오 관리의 역할과 책임

6. 포트폴리오 관리의 중요성

포트폴리오 관리를 하면 조직의 비즈니스 전략과 연계하여 프로젝트를 진행하고 가치를 창출할 수가 있다

<그림 9-14>에서 인프라 구축, 급여시스템, SCM, Intelligent Agent 프로젝트는 업무가치에 기여하는 역할이 각각 다르므로 IT 또는 비즈니스 영향도에 따른 전략적 접근이 가능하다. 인프라의 구축은 당장은 비즈니스 효과가 없지만 기업시스템의 기반이 되며, 급여시스템은 유틸리티(Utility)로써 사용하기 수월한 면은 있지만, 사업기여측면에서 SCM과 Intelligent Agent 구축에 비해서는 효과가 떨어진다. 따라서 조직에서 전략적 중요도를 어디에 두는지에 따라서 프로젝트의 우선순위가 결정된다.

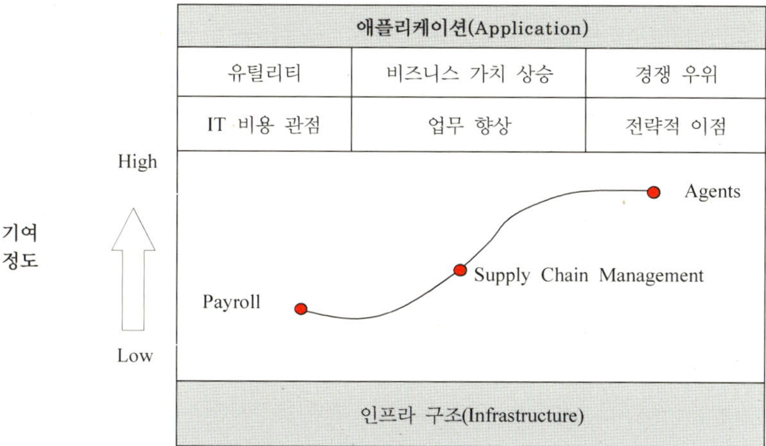

Source: Gartner Research(December 2004)

〈그림 9-14〉 포트폴리오 관리의 혜택

이러한 큰 그림하에 개별 프로젝트를 추진한다면 훨씬 좋은 효과를 볼 수 있을 것이다.

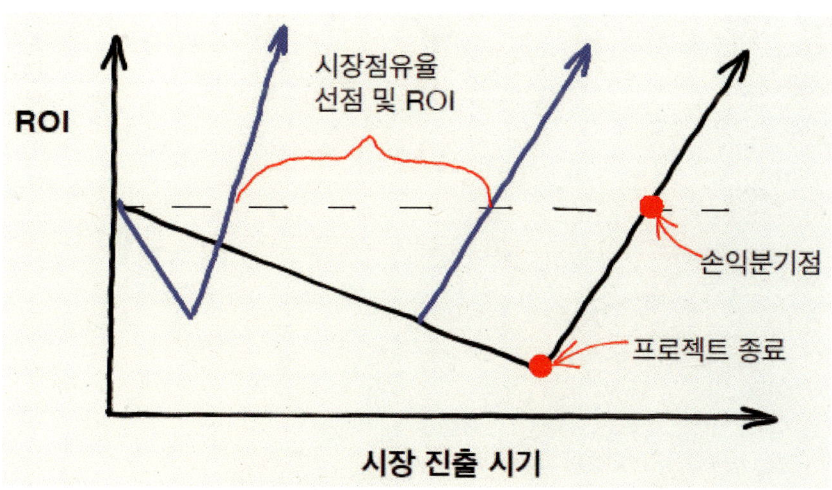

〈그림 9-15〉 효율적인 프로젝트 추진의 이점

<그림 9-15>는 프로젝트를 효율적으로 관리하는 것이 왜 중요한지에 대한 짧은 설명이 될 수 있다. 프로젝트의 종료 시기가 빨라지면 손익 분기점이 당겨질 수 있지만,

만일 프로젝트가 취소된다면 영원히 손익분기점은 찾을 수 없게 된다. 프로젝트 계획을 잘 세워 프로젝트 초반에 많은 자원을 투자하게 되면 손익분기점이 훨씬 더 빨라질 수 있다.

그리고 프로젝트 관리를 통해 반복되는 재작업으로 인해 일정이 늦어지고 자원이 초과 사용되는 것을 방지할 수 있다.

[1] PMI, The Standard for Program Management 2nd edition, 2008.
[2] PMI, The Standard for Portfolio Management 2nd edition, 2008.
[3] Gartner Leader's Toolkit, 2007.
[4] Gartner, Key Issues for Portfolio Management, 2007.
[5] PMI, Portfolio Management Processes-High Level Illustration, 2006.

멀티 프로젝트 관리 전문가 되기

초판인쇄 2015년 7월 6일
초판발행 2015년 7월 6일

지은이 조호행·김성민
펴낸이 채종준
펴낸곳 한국학술정보㈜
주소 경기도 파주시 회동길 230(문발동)
전화 031) 908-3181(대표)
팩스 031) 908-3189
홈페이지 http://ebook.kstudy.com
전자우편 출판사업부 publish@kstudy.com
등록 제일산-115호(2000. 6. 19)

ISBN 978-89-268-7003-7 13320